且把浮名抛

古代文人往事

冷自泉　编著

沈阳出版发行集团

沈阳出版社

图书在版编目（CIP）数据

且把浮名抛：古代文人往事 / 冷自泉编著 . -- 沈阳：沈阳出版社 , 2022.7

ISBN 978-7-5716-2571-9

Ⅰ . ①且… Ⅱ . ①冷… Ⅲ . ①文人 – 生平事迹 – 中国 – 古代 Ⅳ . ① K825.4

中国版本图书馆 CIP 数据核字（2022）第 126622 号

出版发行：沈阳出版发行集团 | 沈阳出版社
（地址：沈阳市沈河区南翰林路 10 号　邮编：110011）
网　　址：http://www.sycbs.com
印　　刷：北京市兆成印刷有限责任公司
幅面尺寸：170mm × 240mm
印　　张：14.5
字　　数：168 千字
出版时间：2022 年 8 月第 1 版
印刷时间：2022 年 8 月第 1 次印刷
责任编辑：马　驰　王雪姣
封面设计：薛　芳
版式设计：睿众文合
责任校对：王玉位
责任监印：杨　旭

书　　号：ISBN 978-7-5716-2571-9
定　　价：49.80 元

联系电话：024-24112447
E – mail：sy24112447@163.com

目录

第一章　醉酒篇

"怪人"阮籍醉酒保身

因不满当时的社会，阮籍、王戎、阮咸等七个人常在山阳县的竹林里面饮酒纵歌，徜徉于青山绿水之间。后世尊称他们为"竹林七贤"。阮籍喜好饮烈酒，善弹琴，喝酒弹琴往往长啸，得意时忽忘形骸，甚至即刻就睡去，其痴狂之态，可见一斑。

史料中记载阮籍："容貌瑰杰，志气宏放，傲然独得，任性不羁，而喜怒不形于色。或闭户视书，累月不出；或登山临水，经日忘归。博览群籍，尤好庄老。嗜酒能啸，善弹琴，当其得意，忽忘形骸。"可见，阮籍长得相貌堂堂，学问很好。但是，阮籍身处乱世之中，常常只能以醉酒的方式来保身。

司马昭十分仰慕阮籍的才华，想和阮籍结为儿女亲家，但是阮籍向来讨厌官场，所以他不愿意接受。一次，司马昭请阮籍参加宴会。在酒席之中，司马昭刚表示要结亲的意思，阮籍没等司马昭说完，立刻向他敬酒，自己则一饮而尽，并且一杯接一杯地喝。直到阮籍酩酊大醉，司马昭也没能把结亲的事说完，最后只好派人把阮籍送回去。后来，司马昭派人到阮籍家里，准备提出联姻，阮籍却天天饮酒大醉不醒。司马昭派来提亲的官员见阮籍烂醉如泥，不省人事，只好回去了。这样一连几十天，阮籍都宿酒不醒。司马昭也无可奈何，只能放下联姻之事。

钟会是司马昭的重要谋士，曾官至司徒，是一个善于投机钻营的卑鄙小人。阮籍一向看不起钟会，但是钟会却时常来阮籍家做客，借机探听阮籍的消息。阮籍每次见钟会来了，就置酒相待，开怀痛饮，对政事却不发表任何言论，钟会只能悻悻而归。

阮籍听说东平的风景美丽，想去游览一番。于是，他向司马昭提出任命自己为东平太守。这让司马昭十分意外，因为阮籍一向不屑为官。既然阮籍开了口，司马昭立刻任命阮籍为东平太守。阮籍不是真的想做官，他只是想来一次免费的旅游。阮籍独自一人骑了一头小毛驴去东平上任。阮籍到了东平，每天忙于游山玩水。当他遍览东平的山水后，便又回到洛阳，向司马昭提出辞官。

不久，阮籍听说步兵营厨房的大师傅善于酿造美酒，贮有陈年美酒三百斛。阮籍十分好酒，闻酒心动，经过多方打探，得知军中缺了一步兵校尉。于是，阮籍主动向司马昭要求担任步兵校尉，司马昭十分给阮籍的面子，立刻任命阮籍为步兵校尉。因阮籍担任步兵校尉的时间最长，所以后世通常称其为"阮步兵"。

阮籍喜欢喝酒。一次，阮籍、阮咸和同宗的人一起嬉酒，中间摆一大瓮，盛满美酒。众人围坐在大瓮四周，用大瓢轮转共饮，恣意谈笑。一群猪也闻到了酒香，哄然奔入，抢到大瓮边争起酒来。

阮籍家的附近有一家卖酒的小店，老板娘十分貌美，阮籍便与王戎常常光顾。一次，阮籍和王戎喝醉了，便拉了老板娘挺身卧倒。有人对老板娘的丈夫说："你老婆跟两个男人睡在一起了。"他立时大怒，抄起家伙就回了家。当他看到是阮籍、王戎两个酒徒时，又退了出来，并对外人说："这两人所重的，纵情于饮酒期间的乐趣而已。"

刘公荣也喜爱饮酒，终日与人醉饮，阮籍、王戎都和刘公荣有交往。一日，他们三人在阮籍家聚会，阮籍对王戎说："我刚好有两斗美酒，与你共同分享，只是没想到公荣也来了。不过这酒没有他的份，咱俩一起喝。"说完，阮籍拿出美酒，就开始与王戎对着斟酌开来。刘公荣照旧在座，闻着酒香与他俩闲聊。他看着阮籍、王戎一杯杯痛饮，也不在意，三人一直谈笑风生。

后来，有人对阮籍提及此事，他却笑着说："这是公荣自己戏弄自己。他常说：'比我公荣高贵的，不可以不给他酒饮；不如我公荣的，也不可以不给他酒饮。'那么只有不给公荣酒喝了。"

阮籍是一个十分超脱的人，那些世俗规矩，在他眼里都是可有可无的事。他曾说："礼岂为我辈设也？"阮籍并非只是纵酒享乐的人，他的心里比谁都清明。他有时候一天都说不了几句话，有的时候又滔滔不绝大发议论。司马昭曾评价阮籍："阮籍乃非常谨慎之人。每每与他说话，所谈及的，都玄妙幽远，不涉及他人才德、是非，也从不褒贬谁。"司马昭算是很了解阮籍了，所以放心让他在自己身边。

司马昭被封为"公"时，装腔作势不接受，朝中文武都到他家中劝进。司马昭明白要得"周公"的美誉，必须名正言顺，才能止天下人的口，所以自己还是要做足表面文章。这时，阮籍在袁孝尼家中宿醉没醒，就被司马昭派来索文的人扶起。阮籍提起笔，一气呵成，然后把劝进文交付给讨文章的人。这篇醉后草成的劝进文，是一篇文笔清丽、气势雄壮的好文章。

阮籍一向蔑视礼法。一次，他听说隔壁有一未嫁之女因病夭折，竟不顾世人议论，跑到灵前大哭一场，尽哀而还。还有一次，阮籍的嫂子要回娘家，按照当时的礼法，他不能去送行。可是，阮籍不仅为嫂子饯行，还特地送她上路。一些人因为这件事对阮籍指指点点，他满不在乎地说："孔孟礼教，与我何干？"

一天，阮籍正与人下围棋，忽然有家人来报告，说他的母亲病逝了。下围棋的对手要停止，阮籍却不肯歇手，非要定了输赢再走。阮籍下完棋，回到家中，饮酒两斗，然后才放声大哭，哭的时候口吐鲜血。阮籍在守丧期间，有一个朋友去吊唁，在阮籍母亲灵堂前哭拜，而阮籍却披散着头发坐着，没有站立哭拜，只是两眼发直，表情木然。朋友吊唁出去后，有人说："按照礼法，吊唁时主人先哭拜，客人跟着哭拜，我看阮籍动都不动，您为什么哭拜？"朋友说："阮籍是超乎礼法的人，可以不讲礼法，我还在礼法之中，当然要遵循礼法。"嵇康了解阮籍的性情，就干脆提着酒坛挟着琴去看他，阮籍果然高兴。几天后，阮籍的母亲下葬，他又开始吃肉喝酒，然后才跟母亲遗体告别。此时的阮籍已经因悲伤过度而急剧消瘦，见了母亲遗体又放声大哭，又吐血几次。

阮籍不仅因为饮酒和写文章而出名，他的琴也弹得很好。相传琴曲《酒狂》就是阮籍感怀之作，全曲淋漓尽致地刻画了醉意朦胧、步履蹒跚的酒狂形象。他还著有音乐理论著作《乐论》，强调"律吕协则阴阳和，音声适而万物类"，强调圣人作乐为的是"自然之道"，这便是"乾坤易简，故雅乐不烦。道德平淡，故无声无味。不烦则阴阳自通，无味则百物自乐"。阮籍听说苏门山中有一个真人，于是就上山去找。阮籍找到真人之后，便开始弹琴。真人一言不发，一动不动，阮籍也不计较，弹完后对着真人大啸一声，便下山去了。

史料记载，阮籍经常驾着一辆载着酒的小马车，毫无目的地在田野乱走，走到没有路了，马停下来了，他就开始号啕大哭。哭完了之后，他换个方向又开始漫无目的地走，走到没有路了，他又开始哭一番。

这就是怪人阮籍！

刘伶之醉，不为杜康

　　竹林七贤是指阮籍、嵇康、山涛、刘伶、阮咸、向秀和王戎七位魏晋时期的文人，他们放达不羁，常在竹林下饮酒纵歌，因此得名。竹林七贤中最特殊的一个，就属刘伶了。竹林七贤里人人都爱喝酒，而只有刘伶以酒量大而闻名天下。

　　刘伶喝酒的方式很豪迈，经常狂饮，酒后行为又比较放荡。刘伶的思想深受庄子的影响，他经常沉湎于饮酒中，无视礼法，行为放纵。刘伶喜欢赤裸身体，他时常在家里脱光了衣服饮酒。有客人来找他，见他赤身裸体的样子，于是就借机讥讽他："你是喝酒太多，把自己喝太穷了吧，穷得连衣服都穿不起了！"刘伶却丝毫不在意，他一脸傲气地说："天地是我的房屋，房屋是我的衣裤，你们为什么钻进我的裤裆里来？"

　　《酒谱》中记载，刘伶身高六尺，就相当于现在的一米四。他不仅个头矮小，而且容貌很丑陋。但是他性情豪迈，胸襟开阔，常常不拘小节，沉默寡言，也不怎么与人来往，对人情世故一点都不关心，只和阮籍、嵇康关系很好，几个人在一起的时候经常有说有笑。

　　生活中的刘伶是一个时常大醉的酒鬼。刘伶的家庭很穷困，但是他并不以为意，反而嗜酒如命。《晋书》中记载了这样一个小故事：刘伶经常随身带着一个酒壶，乘着鹿车，一边走，一边饮酒，一个侍从带着锄头紧跟在车后。他告诉侍从："我走到哪里，什么时候喝死了，就地挖个坑把我埋了。"

刘伶的喝酒或许和阮籍类似，因为对当时黑暗的、混乱的社会不满，但是刘伶是沉醉在酒乡的混沌世界中，不像阮籍那样心里充满了愤懑。

一次，刘伶的酒瘾发作了，要求妻子给他拿酒。妻子哭着把剩余的酒倒在地上，并摔破了酒瓶，泪流满面地劝他："你喝酒太多了，这不是养生之道，你一定要戒了酒才好！"刘伶回答说："好！我一定戒酒，但是仅靠我自己的力量，是不能戒掉酒的，我必须在神明前发誓，这样才能戒掉酒。麻烦你准备好酒肉祭神。"他的妻子信以为真，就去准备酒肉。刘伶把酒肉供在神桌前，跪下来祷告："天生刘伶，以酒为名；一饮一斛，五斗解酲。妇人之言，慎不可听。"他说完，取过酒肉大吃大喝，结果又喝得大醉。刘伶骗酒肉的这件事，充分体现了他滑稽多智、放达不羁的一面，为了饮酒就连神明也敢于"冒犯"。

还有一次，刘伶喝醉了酒跟别人吵架，对方生气地卷起袖子，挥拳就要打他，刘伶却镇静地说："我这鸡肋般细瘦的身体，哪有地方可以放得下你的拳头。"对方听了，哈哈大笑，随即放下了拳头。

在官职方面，刘伶曾做过建威参军。据说在泰始年间，他上书主张"无为之化"，却被斥为无益之策。当时同辈们都得到升迁，只有他被罢了官。罢了官以后的刘伶，更是日日沉湎于醉乡，直至寿终。他在那文人动辄被杀的乱世得以苟全性命而寿终，酒肯定是帮了他的大忙。

在历史上，有关刘伶的记载并不多，他的生卒年月也不详。刘伶曾写下一首《酒德颂》，大概的意思是：自己行无踪，居无室，幕天席地，纵意所如，不管是停下来，还是行走，随时都提着酒壶饮酒。饮酒才是最重要的事情，其他的一概不管。其他人怎么说，自己一点都不在意。别人越要评说，自己反而越要饮酒，喝醉了就睡觉，睡醒了精神恍惚，就是打一个惊雷。也听不见，面对泰山也是视而不见，不知天气冷热，也不知世间利欲感情。刘伶的《酒德颂》反映了晋代一些文人的现状，因为社会动荡，文人不得志，所以只能借酒浇愁或以酒避祸，以发泄对现实的不满。

杜康造酒醉刘伶这个故事，不是出自历史典籍，而是一个民间故事。传说刘伶的酒量极大，有一次，他来到洛阳的南边，走到杜康酒坊门前，看见酒坊有副对联：

上联：猛虎一杯山中醉

下联：蛟龙两盏海底眠

横批：不醉三年不要钱

刘伶看了这副对联，心里有些不高兴，心想："这开酒坊的人也该打听一下我刘伶的名声，然后好好想一想该不该夸下这样的海口。谁人不知我刘伶，往东喝到东洋海，往西喝过老四川，往南喝到云南地，往北喝过塞外边，东南西北都喝遍，也没把我醉半天。既然开酒坊的老板口气这么大，我就把你的酒都喝干，不出三天就让你关门。"

杜康见有客人到来，满面带笑地迎出来。刘伶一指那副对联，说："你卖酒是给人喝的，为什么要拿大话唬人？难道你的酒里有蒙汗药？"杜康听客人出言不逊，就打量了一下对方，只见他个头不高，头戴紫色儒冠，身穿皂青大褂，脚蹬云头便鞋，仙风道骨，是一个举止文雅的弱书生。杜康心想："你说我拿大话唬人，我看你才是在说大话。有多少英雄好汉都没胆量喝我店的三碗酒，你这手无缚鸡之力的书生，又能有什么能耐。"

杜康是个买卖人，讲求和气生财，虽然刘伶说话很难听，他仍旧赔着笑回话。杜康对刘伶说："您真是爱开玩笑，我的酒是劲儿很猛，里面可没有什么蒙汗药！"刘伶冷傲地说："我一年四季走南闯北，饮过上万家的酒，从来没醉过，我不信喝了你三碗酒，就大醉三年不醒！"杜康解释道："生意人肯定希望酒卖得越多越好，我的酒劲儿确实大，如果不是怕喝出麻烦，我何必写对联劝客人呢？"

刘伶觉得只靠自己说已经不管用了，还是要让老板知道自己的海量，他说："你的话只能唬住别人，却唬不住我刘伶！"刘伶是当时的名士，杜康急忙弯腰上前行礼，毕恭毕敬地说："我早就听说过您的大名，却一直无缘相见，今日您光临这里，真是荣幸之至，请里面小坐。"杜康几句恭维的话，让刘伶感觉很舒服，他不好再说什么，便谦让了几句，走进店里坐下。

很快，杜康筛了一碗酒，捧到刘伶面前，说了声："先生，您请。"刘伶接过酒碗，用鼻子一闻，顿时酒瘾大发，端起来一饮而尽，然后大声称赞："好酒，上等好酒，果真名不虚传！"然后杜康又端来一碗酒，刘伶又一饮而尽。他向杜康一招手："再来一碗！"杜康忙摇头说："不能再喝了！"刘伶责问："为什么？"杜康哭丧着脸说："先生，您要喝三碗长久醉了不醒，会让我吃上人命官司的。"

刘伶正喝到兴头，他说："你给我拿文房四宝！"杜康不知道他是什么意思，但是又不便违拗，于是给他取来了纸墨笔砚。刘伶不假思索地在一张纸上写下四句诗："竹林刘伶酒博士，纵情豪饮天下知。喜喝杜康三大碗，常醉不醒命该死。"

刘伶将纸递给杜康，说："你拿着这个，该放心了吧！"杜康第一次遇到这样的酒客，他只好收下纸，又给刘伶端出一碗酒，说："先生，喝吧！暂且不要您付钱！"刘伶再次一饮而尽，然后伸了个大懒腰，道了声"再会"，便自顾走出门去。

刘伶回到家中，就醉倒了，他对妻子说："我要是死了，你把我埋在酒池内，把酒盅、酒壶给我放在棺材里，棺材上埋一些酒糟。"刘伶说完，就死了，他的妻子按照他说的安葬了他。

三年后的一天，杜康来找刘伶。刘伶的妻子问他有什么事情。杜康说："三年前，刘伶喝了我的酒没给酒钱！"刘伶的妻子听完，十分恼火，她说："三年前，刘伶不知道喝了谁家的酒，回家就死了。原来是喝了你家的酒呀！你还敢来要酒钱，我还没找你要人呢！"杜康忙解释说："刘伶不是死了，是醉了。你快领我到他的墓地看看。"

他们来到刘伶的墓地，挖开坟墓，打开棺材，发现刘伶的面色依然红润，和活着的人一样。杜康上前拍他的肩膀，喊道："刘伶，快醒来！"杜康一拍一喊之后，刘伶竟睁开了双眼，并打了个哈欠。刘伶看到眼前的杜康，立即就站了起来，一把抓住杜康的手，嘴里夸道："好酒，好酒！我这一觉睡得好香！"

从此之后，"杜康美酒，一醉三年"就传开了。有人说，杜康本来是酒仙，他在人世酿造好酒，就是为了度刘伶成仙的。在中国古代的文人中，因为饮酒而被后世编排成神仙的，刘伶可以说是第一人了。

酩酊大醉中的草圣"张颠"

张旭是唐代著名的书法家，他个性豪爽，喜好饮酒，常常在喝醉之后，拿起毛笔手舞足蹈，一气呵成地完成作品。他的字变化无穷，如有神助。张旭与李白一样，为"饮中八仙"之一。

洛阳城内一派歌舞升平的繁荣景象。在繁华的市井，人头攒动，热闹非凡，喝彩声不绝于耳，很多读书人也在这里围观。这不是在围观游戏杂耍，而是在围观张旭挥毫泼墨。张旭已酩酊大醉，他的额头青筋凸起，口中念念有词，时而呼喊大叫，时而踉跄奔走，如癫如狂。他手提着蘸墨的毛笔，摇摇晃晃地在铺开的宣纸上，尽情挥洒。很快，笔墨淋漓，满纸氤氲，变幻多端，如群龙戏海，跃然纸上。围观者翘首观望，喝彩声响彻云霄。一会儿，张旭将毛笔丢向一边，然后狂走，嘴中大呼长啸，浓浓的酒气从口中散出，狂态颠逸之相，让人忍俊不禁。诗仙李白也曾看过他写字，并且写诗赞道："楚人每道张旭奇，心藏风云世莫知。三吴邦伯多顾盼，四海雄侠皆相推。"张旭书法神妙的消息，很快不胫而走，大江南北，朝野上下，都知道张旭的书法了得。

据传，张旭的一个老邻居，家境十分贫困，他知道张旭为人慷慨，于是就写信给张旭，希望得到他的资助。张旭很同情他，于是就在信中写道："您只要说这信是张旭写的，可要价几百金。"邻人将信将疑，拿着信照着他的话去售卖，果然很快就被高价抢购走了。

张旭在常熟任县尉时，有一位老人手捧着一张状纸前来告状。张旭详细地了解了案情的前因后果，又仔细地打量了一下这位老人，觉得他所说都是些柴米油盐的生活琐事，于是便操起笔在纸上简单地写出了判决。老人手捧着张旭书写的状纸，一脸的满意，然后就急匆匆地告辞了。

过了几天，这位老人又来告状。张旭看了看这位老人，脸色一沉，故意装作生气的样子，问他："老人家又有什么事？"老人小心翼翼地把状子呈上去。张旭看后，有些不太高兴，说："这些都是小事，为什么总是来麻烦本官？"老人听了，有些局促不安，连连磕头道："大人，这……这……"老人欲言又止。张旭说："快从实招来！"老人叹了一口气，说："我实话实说吧。我不是真的来告状的，是因大人的字太美了，我想得到您的墨宝。我没有好法子，便想出了这个蠢笨的办法。"

张旭看了看老人，嘴里嘀咕道："原来如此。"他觉得这件事有些非同寻常，于是便又盘问："你为什么如此喜好书法？"老人回答说："先父在世的时候，十分钟爱书法作品，朝夕把玩观摩。父亲西去后，给我留下了大量的书法作品。"张旭听完之后，怒气也消散了，他站起来说："你请起。"张旭吩咐手下人取来笔墨纸砚，龙飞凤舞一番，然后把作品送给老人，并且谦逊地说："先生能否把家里的大作拿来让我一睹为快？"老人接过张旭的墨宝，十分激动地说："大人能欣赏我家里的作品，我倍感荣幸。"

第二天上午，老人兴高采烈地来到张旭府上，给他送来了家藏的书法作品。张旭小心地打开，认真观看，情不自禁地说道："妙！妙！难得的佳作。"此后，他时常观赏把玩，并从这些字中悟出许多笔法的奥妙。

由于张旭勤于研究和学习，并且吸收他人所长，所以书法艺术达到

第一章 醉酒篇

了很高的艺术境界，当时的人给了张旭一个美称——张颠。

相传，唐文宗曾向全国发出了一道诏书，称李白的诗歌、张旭的草书、裴旻的剑舞为天下的"三绝"。诏书到了洛阳，顿时引起轰动。很多文人雅士纷纷向张旭道喜，庆贺他以卓绝的书法获得了最高的荣誉。张旭作揖一一致谢，并设宴款待他们。在酒席上，有人提议张旭谈谈草书"绝妙"的秘诀，张旭无法推辞，只好谦虚地说："我自知浅陋，皇上奖言，受之有愧。神妙的秘诀，无非是'用心'两字。我在邺县有幸见过公孙大娘的舞姿，每次看她舞剑，我都会产生联想：她将左手挥过去，我就立即想到这次姿态像个什么字；她跳跃起来旋转，我想草书中的使转笔锋的驰骋应如此吧！她整个起舞的姿态，启发了我，我的草书结构也是据此而来。"原来，张旭每次看完公孙大娘的剑舞，回到家就马上练习书法。他将自己手中的笔想象成公孙大娘的剑，时而旋转，时而挥洒，变幻莫测，字字写得龙飞凤舞、神采飞扬。

张旭在日常生活中，也用心观察、联想，以此启发自己书法的创作。有一次，他看到挑着东西的人在人群中行走躲闪，于是领悟到书法布局要"避让"。可见，张旭是一位善于借事物的形象来启发创作的书法家。

张旭是一位纯粹的书法家，但他不拘泥于一技一艺，善于从生活中汲取营养，从无字处学习；善于把满腔情感倾注在字与字之间。唐代的韩愈在《送高闲上人序》中赞之："喜怒窘穷，忧悲、愉佚、怨恨、思慕、酣醉、无聊、不平，有动于心，必于草书焉发之。观于物，见山水崖谷、鸟兽虫鱼、草木之花实、日月列星、风雨水火、雷霆霹雳、歌舞战斗，天地事物之变，可喜可愕，一寓于书。故旭之书，变动犹鬼神，不可端倪，以此终其身而名后世。"这是张旭对艺术的执着的真实写照。所以，后人谈及唐代的书法，对欧阳询、虞世南、褚遂良等有褒有贬，但是对张旭却赞叹不已，这在艺术史上是绝无仅有的。

张旭死后，很多朋友都很怀念他。杜甫入蜀后，看到张旭的遗墨，十分伤感，于是写了一首《殿中杨监见示张旭草书图》："斯人已云亡，草圣秘难得。及兹烦见示，满目一凄恻。"高适在《醉后赠张九旭》一诗中写道："兴来书自圣，醉后语尤颠。"李颀在《赠张旭》一诗中写道："露顶据胡床，长叫三五声。兴来洒素壁，挥笔如流星。"可见这些文学家对张旭的敬爱。

张旭书法的代表作有《古诗四帖》，现在收藏于辽宁省博物馆，墨迹本，五色笺，四十行，一百八十八字。这个作品极为珍贵，它的内容，前两首是庾信的《道士步虚词》，后两首是南朝谢灵运的《王子晋赞》和《四五少年赞》。整幅作品，笔画丰满，无纤弱浮滑之笔。行文跌宕起伏，动静交错，满纸如云烟缭绕，是草书的巅峰之作。郭子绪说："《古诗四帖》，可以说是张旭全部生命的结晶，是天才美和自然美的典型，民族艺术的精华，永恒美的象征。"

张旭的存世作品还有《肚痛帖》《郎官石柱记》《终年帖》等。《肚痛帖》为六行，三十字，文字洋洋洒洒一气贯之，有"神虬出霄汉，夏云出嵩华"的气势。明代王世贞跋云："张长史《肚痛帖》及《千字文》数行，出鬼入神，倘恍不可测。"《郎官石柱记》现传世的是王世贞旧藏的"宋拓孤本"，十分珍贵。明代的赵涵在《石墨镌华》中谓此记"笔法出欧阳率更，兼永兴，河南，虽骨力不递，而法度森严"。有赞云："长史草书，颓然天放；略有点画处而意态自足，号称神逸。""长史真书《郎官石柱记》作字简远，如晋宋间人。"对于《终年帖》，唐代蔡希综在《法书论》中说："乘兴之后，方肆其笔，或施于壁，或札于屏，则群象自由，有若飞动。"

　　张旭的书法作品，留给后世的是如骏马奔驰，倏忽千里，如云烟缭绕，变幻多姿的艺术形象。可以说张旭是用传统技法表现自身个性，既展现了其自身纵逸豪放之处，又展现出强烈的盛唐气象。

诗仙李白酒醉檄书吓蛮

李白一生喜好饮酒，欲遨游四海，尝遍天下美酒，游览天下名山。李白自小就被认为是奇才，十岁的时候，便精通书史，出口成章，人们都以为他是神仙降生。后来，李白长大成人，在一位朋友的举荐之下，来到长安。

一日，李白到紫极宫游玩，遇了翰林学士贺知章，两人在酒楼喝了个痛快。之后，贺知章写了束帖，让李白投给杨国忠、高力士。这两人看了，却以为贺知章拿了李白金银，写封书信来讨人情，于是就没有把李白当一回事儿。李白知道此事后，十分生气，暗自发誓："如果我日后得志了，就要让杨国忠给我磨墨，高力士给我脱靴。"此后，李白终日在长安饮酒赋诗。

后来，唐玄宗得知李白的才名，将他召进宫中，封他为翰林。李白虽然做了官，但是好酒的习惯依然没有改。不久，唐朝的一个蕃国遣使来到长安，递交了一封国书。唐玄宗令大臣宣读国书，满朝文武大臣看了国书，面面相觑，竟没有人认识上面的文字。唐玄宗接过国书，自己也不认识这些文字，他龙颜大怒："难道我大唐国，竟无一人识得此字吗？"李白做了翰林之后，高力士一直想找机会整他，于是趁机说："皇上息怒，李白号称李谪仙，想必他认识上面的文字。"唐玄宗立即命李白进宫。

高力士带领官兵在长安城四处寻找李白。此时李白正在一家酒肆喝酒。高力士找到李白后，命人把李白从酒肆拖走。高力士把李白带到唐玄宗面前。李白早已经醉了，见了皇帝也不下跪。高力士大声呵斥："大胆的李白，你见了皇上，为什么不下跪？"唐玄宗在一边说："免了。李白你懂这国书上的文字吗？"

李白看了国书，随口就念道：

渤海国大可毒书达唐朝官家。自你占了高丽，与俺国逼近，边兵屡屡侵犯吾界，想出自官家之意。俺如今不可耐者，差官来讲，可将高丽一百七十六城，让与俺国，俺有好物事相送。太白山之菟，南海之昆布，栅城之鼓，扶馀之鹿，鄚颌之豕，率宾之马，沃州之绵，湄沱河之鲫，九都之李，乐游之梨，你官家都有份。若还不肯，俺起兵来厮杀，且看那家胜败！

唐玄宗听完后，十分不高兴，众臣也都惊慌失措，面面相觑。唐玄宗问："众臣谁有良策？"满朝文武大臣交头接耳，谁都没吭声。唐玄宗问李白："你可有良策？"李白说："我愿起草《答蕃书》，与蕃使当面答复，平息此事。"唐玄宗说："我天国之威岂容蕃国触犯，李翰林即刻起草。"

李白说："皇上，我现在还饿着，只怕无力写《答蕃书》。"唐玄宗问："李翰林想吃什么？"李白说："皇上亲赐的鲤鱼羹。"唐玄宗下令马上烹鱼羹。一会儿，鱼羹端来，李白几口就吃完了鱼羹。然后他说："我穿着靴子不舒服，请高力士帮忙给我脱靴子。"

唐玄宗看着高力士说："你去帮李翰林脱靴。"高力士十分难堪，但皇上下令了，又不能不听，只好给李白脱靴。李白又说："我书写的时候，请国舅为我磨墨。"唐玄宗又让国舅杨国忠给李白磨墨。

李白拿起笔写了几个字，又说自己背上痒痒，唐玄宗示意高力士帮忙。高力士不情愿地给李白挠痒痒。李白写了几个字后，又看着杨国忠说天太热了，唐玄宗示意杨国忠给李白摇着扇子。不一会儿，李白就写好了《答蕃书》，献于龙案之上。唐玄宗看了一字不识，原来李白所写也是蕃文。唐玄宗命李白翻译朗读，李白就御前朗读：

大唐开元皇帝，诏谕渤海可毒，自昔石卵不敌，蛇龙不斗。本朝应运开天，抚有四海，将勇卒精，甲坚兵锐。颉利背盟而被擒，弄赞铸鹅而纳誓；新罗奏织锦之颂，天竺致能言之鸟，波斯献捕鼠之蛇，拂菻进曳马之狗；白鹦鹉来自诃陵，夜光珠贡于林邑；骨利干有名马之纳，泥婆罗有良酢之献。无非畏威怀德，买静求安。高丽拒命，天讨再加，传世九百，一朝殄灭，岂非逆天之咎徵，衡大之明鉴与！况尔海外小邦，高丽附国，比之中国，不过一郡，士马刍粮，万分不及。若螳怒是逞，鹅骄不逊，天兵一下，千里流血，君同颉利之俘，国为高丽之续。方今圣度汪洋，恕尔狂悖，急宜悔祸，勤修岁事，毋取诛戮，为四夷笑。尔其三思哉！故谕。

玄宗听了大喜，命李白用蕃文对蕃使面宣一通。蕃使听诏入殿。李白重读一遍，声韵铿锵，蕃使面如土色，不敢作声。后来，贺知章送蕃使出京城，蕃使问他："适才读诏的是什么人？"贺知章说："翰林学士李白。"蕃使道："他多大的官，使太师捧砚，太尉脱靴？"贺知章说："太师、太尉只是人间的极贵，那李学士乃天上神仙下降，有何人可及！"蕃使随后道别，到了本国之后，与国王将这件事情一一讲述。国王看了国书，与国人商议，说天朝有神仙赞助，我们怎么拧得过呢？于是，国王写了降表，表示愿意年年进贡，岁岁来朝。

后来，人们称赞李白"醉草吓蛮"是干戈不动远人服，一纸贤于十万师。

李白不仅能写官方正式的文书，而且还可以写那些消遣的诗词。一天，唐玄宗和杨贵妃正在皇宫赏花，听李龟年唱歌。李龟年唱的都是一些老歌词，杨贵妃觉得很没意思，于是就对唐玄宗说："听说李翰林很有才华，不如让他来作一些新词。"唐玄宗赞同地说："好呀，我马上派人去召李翰林。"

唐玄宗随即令高力士带人去叫李白。当时，李白和朋友在酒楼喝酒，高力士找到他的时候，他已经喝醉了。高力士命令两个侍卫架着李白到了皇宫。杨贵妃看李白喝得醉醺醺的，说："他喝得这样烂醉，能写出好词吗？"李龟年在一旁说："听说李白越醉，吟出的诗就越好。"唐玄宗又让李白饮了三杯酒。李白饮毕，笔墨也已准备好了。李白醉醺醺地说："贵妃娘娘请磨墨。"杨玉环当了贵妃后，还没有谁敢让她磨墨。可是，杨贵妃听了李白的话却不生气，唐玄宗也笑着说："他喝醉了，贵妃不要怪罪他。你就给他磨墨吧，只要他写出好的歌词。"

杨贵妃磨好墨，李白很快写成了三首《清平调词》。

其一：

云想衣裳花想容，春风拂槛露华浓。

若非群玉山头见，会向瑶台月下逢。

其二：

一枝秾艳露凝香，云雨巫山枉断肠。

借问汉宫谁得似？可怜飞燕倚新妆。

其三：

名花倾国两相欢，长得君王带笑看。

解释春风无限恨，沉香亭北倚阑干。

李龟年给《清平调词》谱上曲，演唱起来。唐玄宗、杨贵妃完全陶醉在悠扬的歌声中。李龟年歌毕，杨贵妃向唐玄宗称谢，并且亲自酌西凉葡萄酒赐给李白。唐玄宗还特赐李白遍游内苑，令内侍拿着美酒跟随在他的后面，任其酣饮。后来，只要宫中进行内宴，李白就会被召来。

高力士对脱靴之事，怀恨在心。一天，杨贵妃重吟《清平调词》。高力士见四下无人，趁机说："奴才听说，这词怨入骨髓。"杨贵妃问："有什么怨？"高力士奏道："'可怜飞燕倚新妆'一句中的飞燕，就是赵飞燕，她是汉成帝的皇后。现在的画图中，一个武士手托金盘，盘中有一女子举袖而舞，那便是赵飞燕。她腰肢细软，行步轻盈，汉成帝十分宠幸她。后来，赵飞燕竟与燕赤凤私通，匿于复壁之中。汉成帝入宫，闻壁衣内有人咳嗽声，搜得燕赤凤，然后杀了，并废了皇后。现在，李白以飞燕比娘娘，真是胆大包天！"

原来，杨贵妃以胡人安禄山为养子，出入宫禁，与之私通。高力士说赵飞燕一事，正好刺中杨贵妃的软肋。于是，杨贵妃就开始厌恶李白，每每在玄宗前说李白轻狂使酒、无人臣之礼。玄宗见贵妃不喜欢李白，也就不再召他内宴。李白见玄宗有疏远自己之意，屡次告辞要离开，但玄宗都不许。于是，李白就更加纵酒了，他与贺知章、李适之、李琎、崔宗之、苏晋、张旭、焦遂结为酒友，时人称为"饮中八仙"。

天宝三载（744年）春，李白再次奏请还乡，玄宗虽然爱惜李白的才华，但是也难以忍受他的狂放和醉酒多言，于是便准他回乡了。李白带着"酒仙"的雅号和"谪仙人"的美称离开了长安，开始了他人生中的第二个漫游时期。其间，他与杜甫、高适结交，成为十分投缘的好友。

天宝中叶，唐朝政治日益昏暗。此时，李白漂泊四方，他胸有报国之志，眼看国势由盛转衰，心里不免忧愤。这一时期，他写出不少抨击时政的作品。安史之乱的第二年，李白从隐居的庐山下来，加入永王李璘的幕府，想再展抱负。后来，永王李璘在与肃宗争位时失败，李白以反叛的罪名被捕入狱，后又被流放夜郎，但在中途遇赦放回。后来李白闻得李光弼出征东南，竟又扬起了理想的风帆，跃跃欲试，无奈半道病还，只能赴当涂县投靠李阳冰。第二年，李白因病在当涂谢世。

李白在四川长大，"蜀江水碧蜀山青"，巴蜀的绮丽山水培育了他的浪漫情怀，激发了他丰富的艺术想象力。李白的足迹遍于名山大川，他把大自然看作理想的寄托，用他满腔的热情、神奇的想象、生动的笔触去描绘、讴歌它们。他笔下的山岳，巍峨雄奇，吐纳风云；他笔下的黄河、长江，奔腾不息，荡涤万物。这正是李白狂放性格的表现。

李白的一生，痛饮狂歌，生活浪漫，诗友如云。他生活得非常潇洒自如。他有天生的浪漫心态，"五岳寻仙不辞远，一生好入名山游"，他的大半生都在狂歌漫游中度过。

使我有名全是酒——苏轼

苏轼能文、能赋、能诗、能词、能书、能画，一生颠沛流离，对酒有着特别的情感。苏轼曾自谓"有酒时求成仙，无酒时求成佛"。他极力推崇酒在自己文学创作中的作用，他说"使我有名全是酒""神圣功用无捷于酒""得酒诗自成"，从这几句话中，就可以看出苏轼与酒的那种不能割舍的缘分。苏轼的文学作品中，大多都有酒、樽等字，有些作品是边饮酒边写成的，有些是酒后生情写就的。因之有酒，爱酒，赏酒，他才写出了众多璀璨光辉的篇章。

苏轼二十岁考中进士时，就以文章闻名天下。他出仕后，因为文采受到很多官员和前辈的赏识。苏轼也认为自己的一腔热血有了用武之地，于是大胆直言进谏。结果，他因与新党政见不合，在京城待不下去，于是请求外调。他的漂泊生涯也从此开始了。

熙宁四年（1071年）十一月，苏轼到达杭州，任杭州通判。此后，他相继到密州、徐州、湖州三地任知州。这个时期，他虽然在政治上不得意，但是文学创作却迎来了丰收。苏轼到杭州时，因为首次在政治上受到了挫折，所以他不再妄议朝政，又没有其他事可干，这让他十分苦闷。于是，喝酒就成了他消除苦闷的最好方式，喝酒可以使他忘记不愉快的事情："三杯忘万虑，醒后还皎皎。"（《正月九日有美堂饮醉归径睡五鼓方醒不复能眠》）喝酒可以打发无聊的时光："天气乍凉人寂寞，光阴须得酒消磨。"（《浣溪沙·荷花》）。但是，苏轼在短暂的苦闷之后，心中又生起豪情。他依然对未来充满了美好的憧憬，许多诗篇里都迸发着积极奋发的精神。杭州景色雄奇劲秀，苏轼的创造灵感被极大地激发出来，创作出很多清俊明丽的佳作。

苏轼为人乐观旷达，总是用一颗宽大的心去化解个人的得失。在山明水秀的杭州，他游山玩水，畅饮美酒；在穷乡僻壤的密州，他依然豁达畅饮。苏轼在密州任职时，这里和杭州有着天壤之别，杭州有优裕的生活，而这里却食不果腹。此时的苏轼，心境和在杭州时大不相同。苏轼经历了沧桑变故，也曾心灰意冷、怨天尤人，但是他天性乐观，并没有沉沦下去。苏轼骨子里的豪气，在这里被激发了出来，他开始创作豪放词。苏轼在密州，写下了著名的《江城子·密州出猎》《水调歌头·明月几时有》。《江城子·密州出猎》中的"酒酣胸胆尚开张"，把诗人昂扬奋发、豪迈奔放的神态刻画得十分传神。《水调歌头·明月几时有》的词序中写道："丙辰中秋，欢饮达旦，大醉，作此篇，兼怀子由。"他举杯邀月，抒发思念亲人之情，开篇两句"明月几时有？把酒问青天"和结尾两句"但愿人长久，千里共婵娟"成为千古绝唱。当时，苏轼与弟弟苏辙已阔别七年。仕途上的不得意，权力场上角逐的失落，加上对弟弟的怀念，苏轼只有独自对月抒怀。

元丰二年（1079年），乌台诗案发，苏轼经历了人生中最大的一次打击，差点丧命。后来，经过很多朋友的营救，苏轼被从轻发落，被贬至黄州任团练副使。苏轼被贬黄州之后，表面上看他的行动是自由的，实际上有人时时在监视他，他的境遇十分险恶。此时，他不敢和朋友来往，常常感到寂寞孤独，多种愁绪无从消除，只能借酒浇愁。他在黄州所写的诗词，基本都和"酒"有关。如"饮中真味老更浓，醉里狂言醒可怕。但当谢客对妻子，倒冠落佩従潮骂"（《定惠院寓居月夜偶出》），他连发泄不满，也只能是酒后对着妻子发牢骚。"饥寒未至且安居，忧患已空犹梦怕。穿花踏月饮村酒，免使醉归官长骂"（《次韵前篇》）。此时的苏轼已经沦落到害怕喝醉了回来，被自己的长官骂！可见他在黄州的处境之艰难。

在黄州时，苏轼特别喜欢游览赤壁，尤其喜爱晚上游赤壁，他常与友人泛舟赤壁之下，纵酒高歌，任小舟随波漂荡。他在赤壁饮酒赋诗，留下许多佳作，其中广为流传的有《念奴娇·赤壁怀古》《前赤壁赋》《后赤壁赋》。在《念奴娇·赤壁怀古》中，他感慨道出"人生如梦，一樽还酹江月"。《前赤壁赋》讲述了苏轼与客人在赤壁之下泛舟饮酒放歌的事情。由晚上的"诵明月之诗，歌窈窕之章"到黎明时分的"客喜而笑，洗盏更酌。肴核既尽，杯盘狼籍。相与枕藉乎舟中，不知东方之既白"，先写陶醉于美景中的乐趣，然后是凭吊历史人物，最后写人生的苦闷。苏轼在《后赤壁赋》中写道："是岁十月之望，步自雪堂，将归于临皋。二客从予过黄泥之坂。霜露既降，木叶尽脱。人影在地，仰见明月，顾而乐之，行歌相答。已而叹曰：'有客无酒，有酒无肴，月白风清，如此良夜何？'客曰：'今者薄暮，举网得鱼，巨口细鳞，状似松江之鲈。顾安所得酒乎？'归而谋诸妇。妇曰：'我有斗酒，藏之久矣，以待子不时之需。'于是携酒与鱼，复游于赤壁之下。"从文中可知，苏轼的妻子知道他与朋友一起饮酒作赋，所以为他们珍藏着美酒。也正是因为有酒，所以苏轼才能写出《后赤壁赋》。

苏轼虽然喜欢饮酒，但是他的酒量不大。他曾说"吾少时望见酒盏而醉，今亦能三蕉叶矣"（《东坡志林》）；"吾饮酒至少，常以把盏为乐"（《和陶饮酒二十首》）。虽然酒量小，但是并没有影响苏轼喜欢酒，也并不影响他领悟"酒中趣"。苏轼在《酒子赋》中写道："吾饮少而辄醉兮，与百榼其均齐。"苏轼所领悟的酒中趣，远胜于很多文人。苏轼的《和陶饮酒二十首》中有："偶得酒中趣，空杯亦常持。"他的酒中趣达到了"空杯亦常持"的境界，领悟到了一般饮酒之人难以企及的一种最高级的精神享受。苏轼在现实中屡遭打击，"唯酒可忘忧"，一切的不如意，只有在酒中才可以化解。苏轼将酒视为"钓诗钩""扫愁帚"，将毫无节制的饮酒视为"酒食地狱"。苏轼认为"达人自达酒何功"（《薄薄酒二首·其二》），他只求酒趣和人生之趣，并不是追求烂醉。

苏轼不仅喜欢饮酒，而且还喜欢酿酒。苏轼在惠州时，曾为当地的酒取过名字：家酿酒叫"万家春"，糯米酒叫"罗浮春"，龙眼酒叫"桂酒"，荔枝酒叫"紫罗衣酒"。他还亲自酿酒，招待朋友，他写道："余家近酿，名之曰'万家春'，盖岭南万户酒也。"苏轼觉得惠州的酒好，于是就写信给四川眉山的陆继忠道士，邀他来惠州同饮同乐。他在信里说饮了此地的酒，不但可补血健体，还能使人飘飘欲仙，往返跋涉千里也是值得。后来，陆道士果真到惠州找苏轼。苏东坡在黄州时酿过蜜酒，蜜酒就是以蜂蜜酿制的酒。他在定州曾用松醪酿酒。苏轼在《中山松醪赋》中称自己"收薄用于桑榆，制中山之松醪，"并称松醪酒"味甘余而小苦"。苏轼还酿过真一酒和桂酒，他在《真一酒歌》诗前的小引中，强调物以"天造"为最佳，并认为真一酒就是"天造之药"；苏轼还作了一篇《桂酒颂》，并在序中说桂酒酿成后酒色如玉，"香味超然，非人间物也"。

苏轼喜好酒，不仅饮酒、酿酒，他还对酿酒经验进行过总结。苏轼曾搜集民间的酒方，埋在罗浮山的一座桥下。他还写有一篇《东坡酒经》，寥寥数百字，从制酒曲到以原料酿酒，详细记述了酿酒的过程。整个酿酒过程"三十日而成"。

苏轼喜欢与朋友一起饮酒，愿意见客举杯。苏轼晚年的时候，作

《书〈东皋子传〉后》，其中有一段自叙"予饮酒终日，不过五合，天下之不能饮，无在予下者。然喜人饮酒，见客举杯徐引，则予胸中为之浩浩焉，落落焉，酣适之味，乃过于客。闲居未尝一日无客，客至，则未尝不置酒。天下之好饮，亦无在予上者"。

苏轼的同僚与下级知道他的薪水不多，经常携带酒去找他。他还特别喜欢与普通百姓同饮，因此他与当地百姓的关系十分融洽，"杖履所及，鸡犬皆相识""人无贤愚，皆得其欢心"。在苏轼的住处附近，有个卖酒的林老婆婆，他和老婆婆的关系很好，常去赊酒，所以就有"年丰米贱，林婆之酒可赊"的文字。苏轼下乡时，一位八十三岁的老翁拦住他，要和他一起饮酒，他也欣然同意。西新桥建成后，"父老喜云集，箪壶无空携。三日饮不散，杀尽西村鸡"。他在《白鹤峰所遇》一文中写道："邓道士忽叩门，时已三鼓，家人尽寝，月色如霜。其后有伟人，衣桄榔叶，手携斗酒，丰神英发，如吕洞宾者，曰：'子尝真一酒乎？'就座，各饮数杯，击节高歌。"大半夜，一个陌生的道士竟然找他来喝酒。可见，苏轼不但与文人学士同饮，也与村野百姓，以及各色人等饮酒，欢乐之状溢于言表。他与这些人关系十分融洽，没有一点官架子，这些人也不把他当官看，只当同龄兄弟，真情相待。

中国文人往往用酒来浇愁，逃避现实中的种种不如意。苏轼喜爱饮酒，并不沉溺于饮酒，他更看重的是酒开阔心胸、调动神思的功用。苏轼在饮酒时写下了很多佳作，而且大多是赞美生活、对人生苦难反思后超然物外的解脱。例如，苏轼在《虞美人·持杯遥劝天边月》中写道："持杯遥劝天边月，愿月圆无缺。持杯复更劝花枝，且愿花枝长在、莫离披。持杯月下花前醉，休问荣枯事，此欢能有几人知，对酒逢花不饮、待何时。"苏轼在《书临皋亭》中写道："东坡居士酒醉饭饱，倚于几上。白云左缭，清江右洄，重门洞开，林峦坌入。当是时，若有思而无所思，以受万物之备，惭愧！惭愧！"从这些文字中可以看到，苏轼酒后对人生的思考，他喜欢酒所营造出的浓浓的融洽氛围和酒后带给他的创作灵感。

苏轼曾写道："我虽不解饮，把盏欢意足。"由此可见，他是个识酒、赏酒的人。苏轼的心胸旷达开阔，为人坦荡耿直，又喜欢饮酒，对酒还有深刻的理解，这些因素综合起来，使他成为一个乐天派，只要有酒有诗，有山有水，他就会很逍遥自在。

举家食粥酒长赊——曹雪芹

曹雪芹是满洲正白旗包衣人，自曾祖曹玺起，三代任江宁织造。曹雪芹的祖父曹寅很受康熙器重。到了雍正初年，曹家的势力受到巨大打击，曹𫖮被革去江宁织造之职，家产被抄，曹雪芹随家迁居北京，后移居北京西郊。由于生活窘迫，他常以卖书画为生。

曹雪芹是个多才多艺的文学家，他能唱、能弹、能写、能画。他性格豪放，嗜酒成性，这在与好友张宜泉及敦诚、敦敏两兄弟的交往中可以看出。当时，曹雪芹在宗学里当差，敦诚、敦敏两兄弟在宗学里学习，因为他们的遭遇类似，彼此的脾气、爱好相近，所以成了知交。曹雪芹和兄弟两人经常在一起饮酒赋诗，弹唱取乐。他们只要有一段时间未见，就开始记挂对方。

乾隆二十七年（1762年）秋末，曹雪芹从西郊来到了北京城里，拜访住在槐园的敦敏。曹雪芹不知道什么缘故，在敦敏家中睡得不好，很早就起床了。这个时候，京城的寒气逼人，曹雪芹又饿又冷，竟瑟瑟发抖起来。嗜酒如命的他，这时只想喝一斤热酒，但是他起床太早，不仅主人未起，就连仆人都还在睡觉。曹雪芹正在苦闷之际，挚友敦诚来了，两人相见，惊喜不已。

曹雪芹和敦诚为了不打搅主人睡觉，就近找了一家小酒店，沽酒对饮。曹雪芹几杯酒下肚，精神焕发，开始高谈阔论起来。敦诚知道曹雪芹的脾性，"出必醉，醉则纵谈"，有时饮酒之后叫嚣的声音，让邻居都感到头痛。他们两个人一杯一杯地喝，喝完酒之后，两人一摸口袋，都没有银钱。于是，敦诚解下佩刀说："这刀虽然锋利，但卖了又不值钱；拿它去临阵杀敌，又没有咱们的份儿，还不如将它做抵押，来换酒润润嗓子。"曹雪芹听了，连说："痛快！痛快！"于是趁着酒兴，创作了一首长歌。敦诚创作了一首和诗《佩刀质酒歌》。

曹雪芹在北京西郊的山村中，过着饥寒交迫的生活。他以卖画为生，换来的钱，勉强可维持一家人生活，就这样他还要拿出一些钱去买酒。曹雪芹没有钱的时候，就向别人乞讨酒钱，他还常到酒店里赊账，到了还钱的期限，他就去卖画还债。

张宜泉是曹雪芹的朋友，他是一个私塾先生，家境十分贫寒。他为人诙谐放达，而且特别喜欢吟诗、喝酒。他和曹雪芹在经济和性格上都有一些相似之处，于是两人成了知心朋友。有时候，曹雪芹去拜访张宜泉，张宜泉就留他住宿，两人一起喝酒、吟诗，直到三更半夜才睡觉。有时候，张宜泉带着酒去拜访曹雪芹。有时候，敦家兄弟来看曹雪芹，曹雪芹就会特地邀张宜泉来作陪共饮。张宜泉十分钦佩曹雪芹的诗、画、琴、剑等才艺。后来曹雪芹因为儿子去世伤心过度，加上饮酒过多，没过多久就去世了。曹雪芹死后，张宜泉来到他的故居，因故人已逝，痛心不已，写下了《伤芹溪居士》的挽诗。

曹雪芹自称"燕市酒徒"，在穷困潦倒时依然"举家食粥酒常赊"。他喜欢饮酒，对酒有深刻的体验。他在自己的作品《红楼梦》中写到很多和酒有关的内容，其中关于饮酒的各种名目有新年酒、中秋酒、赏灯酒、赏花酒、赛诗酒、寿诞酒、接风酒、饯行酒等，所饮之酒有黄酒、烧酒、甜酒、药酒和仙酒五类，酒名有绍兴酒、惠泉酒、屠苏酒、合欢酒、万艳同杯酒、西洋葡萄酒等。

惠泉在江苏无锡惠山西第一峰下，唐代陆羽称它为"天下第二泉"。泉有上中下三池，水清味醇，用以酿酒，称"惠泉酒"。《红楼梦》中两次提及惠泉酒。一次是在第十六回，贾琏护送林黛玉赴苏州料理完丧事后回京，王熙凤设宴为他接风，贾琏的乳母赵嬷嬷来了，王熙凤连忙请她尝一尝惠泉酒。另一次是在第六十二回，贾宝玉过生日，晚上在怡红院宴饮。芳官对宝玉说："若是晚上吃酒，不许教人管着我，我要尽力吃够了才罢。我先在家里吃二三斤好惠泉酒呢！"

《红楼梦》中还有对西洋葡萄酒的描写：芳官拿了一个五寸来高的小玻璃瓶来，迎光照看，里面有半瓶胭脂一般的汁子，还道是宝玉吃的西洋葡萄酒。芳官拿的不是葡萄酒，而是玫瑰露。

《红楼梦》中不只写饮酒，还提及了饮酒时的行酒令（酒令是饮酒时助兴取乐的游戏）：第二十八回在冯紫英家中，宝玉提议行酒令；第四十回在大观园中有刘姥姥在场行酒令；第六十二回行拈阄酒令；第六十三回宝玉生日"群芳开夜宴"上行酒令；第一零八回薛宝钗生日行酒令；第一一七回贾蔷、贾环、王仁等在外喝酒行酒令。

《红楼梦》中还写了很多种酒具：乌银梅花自斟壶、乌银洋錾自斟壶、温酒的旋子、金杯、银杯、瓷杯、玻璃盏、琥珀杯、雕镂奇绝的竹根套杯及进口的十锦珐琅杯等。

《红楼梦》从开篇第一回到最后一回，提到的喝酒场面就有六十多次，书中各色人等都会饮酒，上至贾母下到丫鬟，就连体质极弱的林黛玉也能喝一点酒。通过饮酒也反映了环境气氛和人物性格，例如，史太君在酒宴中，表现的是满足和慰藉，其天伦之乐溢于言表；刘姥姥贪杯醉酒，把她老于世故、善于博取他人欢心的性格刻画出来；贾雨村刚开始是一个郁郁不得志的文人形象，他的醉酒，展示了他热衷于功名利禄的狂态；尤三姐的醉酒，其实是假装醉了，她把"淫态"和"醉态"结合在一起，她装醉的言行也表现了一个被侮辱的女性奋力抗争的刚烈性格；林黛玉对宝钗劝宝玉不要喝冷酒的指桑骂槐，也使她的性格跃然纸上。以酒写人，活灵活现，也是《红楼梦》能成为经典的原因之一。

第二章　才思篇

七步成诗，相煎何急——曹植

曹操的几个儿子中，曹植最有才华，并且得到了当时人的普遍认可。曹植七步成诗就是他才思敏捷的一个绝好例证。

自曹操胁迫汉献帝迁都许都以来，朝廷大权和兵权全掌握在他手里。虽然曹操完全可以废掉汉献帝，然后自己称帝，但是他考虑到汉室虽然衰弱，还有个正统的名义，如果自己称帝，会有人因为名不正而不服，那么他可能成为众矢之的。曹操知道孙权这个时候劝自己称帝是因为他杀了关羽，夺了荆州，怕刘备报复，所以想用这个办法把火引到自己这里来。曹操对身边的人说："如果真有天命的话，我就做个周文王吧！"不久，曹操旧病发作，请医服药都没有用，最终死于洛阳。

曹操死后，曹丕继承了魏王和丞相位，掌握朝廷大权。曹丕即位不久后，有人告发他的弟弟、临淄侯曹植因为不满经常喝酒骂人，还扣押了他派去的使者。曹丕立即派人赶到临淄，把曹植押回邺城审问。

曹丕和曹植都是曹操的妻子卞氏生的。曹操和曹丕、曹植都擅长诗文，文学史上把他们父子合称为"三曹"。曹植从小就很聪明，十几岁时就已经读了不少书，能写很出色的文章。一次，曹操看了曹植的文章，怀疑不是曹植写的，于是就问："这是你请人代写的吧？"曹植跪下，回答说："儿下笔成文，出口成章。怎么会叫人代写呢。父王不相信，可以当面试试。"曹操试了曹植几次，发现他果然才华出众，因此特别宠爱他，并且多次想废掉曹丕，立曹植为继承人，因大臣反对，只好作罢。

曹丕意识到弟弟曹植是自己的劲敌，怕自己地位受到威胁，于是想方设法讨父亲曹操的欢心。一次，曹操率军出征，曹丕、曹植前往送行。曹植出口成章，盛赞曹操的功德，大臣们连连赞赏，曹操感到十分自豪。曹丕则相形见绌，怅然若失。这个时候吴质对曹丕低声说："你与魏王辞别，什么都不要说，只哭泣就行了。"曹丕听了吴质的话，哭着向曹操告别，哭得非常伤心。曹操很伤感，禁不住也落了泪，左右也很受感动。于是，大家都认为曹植华而不实，不如曹丕诚实孝顺。但是，曹操依然宠爱曹植。

曹丕平时善于掩饰自己的言行，他知道父亲曹操崇尚节俭，于是就穿带补丁的衣服，帐子破了也不换新的，只是补一补。他暗地里处处给曹植制造麻烦，让曹植在曹操面前因做不成事而丢脸。一次，曹操准备派曹植带兵出征。带兵出征是掌握军权的象征，曹丕听到这个消息后，十分恼火。于是，他就想了一个毒计，事先带着好酒好菜，跟曹植一起喝酒，把曹植灌得酩酊大醉。曹操派人来叫曹植，一连催了几次，曹植仍昏睡不醒，曹操十分生气，取消了让曹植带兵的决定。

曹植是个不注重小节的人，又有恃才傲物的毛病，所以让许多人反感。一次，曹植竟在王宫里坐着车马，私自打开王宫外门出去。这件事违反了宫里的规矩。曹操听了这件事，特别恼火，把管理宫门的官员处死。最终，曹操打消了改立曹植为继承人的念头。

曹丕做了魏王以后，仍旧忌恨曹植。这次，他就抓住机会把曹植抓起来，要治曹植的死罪。他的母亲知道了，非常着急，连忙在曹丕面前求情，要他看在同胞兄弟分上，宽恕曹植。曹丕不能不听母亲的话，而且为了一点小事杀了兄弟，也不合常理。曹丕把曹植召来后，要他在走完七步的时间里做出一首诗。如果做得出，就免了他的死罪。曹植略略思索一下，就迈开步子走，七步之内就作成了一首诗："煮豆燃豆萁，豆在釜中泣。本是同根生，相煎何太急？"

曹植把自己比喻成锅里的豆子，把曹丕比喻成烧锅的豆秆，豆子和豆秆本来生长在同一根上，现在豆秆却在锅下面燃烧，煎熬锅里的豆子。曹植用这首诗暗指：我与你是亲生兄弟，应该是骨肉情深，但现在却是骨肉相残。曹植也借此表达了内心的悲愤。曹丕听了，面有愧色，觉得自己逼弟弟太狠了，于是就免去曹植的死罪，只把曹植的临淄侯爵位撤了，降为一个比较低的爵位。

从曹植与曹丕两人的争斗来看，曹植只能做一个文学家，难以成为足智多谋的政治家，正如陈寿所说的"不能克让远防，终致携隙"。曹植与曹丕的斗争，曹丕是胜利者。不过，在文学方面，曹丕要略逊一筹。

曹植在诗歌上取得的成就最大。他早期与后期诗歌的内容有很大的差异。早期诗歌可分为两大类：一类表现他为贵公子的生活，一类则反映他"生乎乱、长乎军"的时代感受。前一类作品如《斗鸡》《公宴》《侍太子坐》等，描写游乐宴享之事，内容比较浮泛；后一类作品有《泰山梁甫行》《送应氏》等，具有较强的现实意义。曹植后期的诗歌，主要抒发他受到压制的哀怨心情，表现他希望用世立功的愿望，代表作有《野田黄雀行》《赠白马王彪》《七哀诗》《怨歌行》《鰕鳝篇》《杂诗》等。《野田黄雀行》大约作于曹丕继位之初，这时候他的好友丁仪被曹丕所杀。《赠白马王彪》先写他离开洛阳返回封地时途中情状，又写对已故曹彰的怀念和对即将分离的曹彪的惜别之情。整篇作品既表现了深沉的悲痛，又不流于悲伤绝望，写得情真意切，感人至深。在《七哀诗》中，他借妇人对丈夫的思念和怨恨，诉说自己被长时间弃置的哀怨和愁苦。

曹植的诗歌，一方面感情真挚强烈，笔力雄健，体现了"雅好慷慨"的建安诗风；另一方面骨气奇高，词彩华茂。曹植的文采在所有建安文学家中，也是最突出的，有人称他为五言诗的一代宗师。

曹植除了写诗，还创作了很多篇赋，其中最出名的有《洛神赋》《鹞雀赋》《蝙蝠赋》等。曹植的赋"情兼雅怨，体被文质"，内容丰富多样。《洛神赋》借鉴了宋玉《神女赋》的写法，刻画了一位美丽多情的女子，表达了作者对她的爱慕以及因神人殊隔而不能结交的惆怅之情。《鹞雀赋》用拟人和象征的手法，描写了鹞与雀的故事，表现了对被欺压的弱小者的同情。

曹植是建安文学的集大成者，对后世产生了较大的影响。在两晋南北朝时期，曹植的作品被推尊为文章典范。陈寿曾高度评价曹植："陈思文才富艳，足以自通后叶，然不能克让远防，终致携隙。"南朝谢灵运倍加推崇曹植，他说："天下才有一石，曹子建独占八斗，我得一斗，天下共分一斗。"

左思成就"洛阳纸贵"的传奇

　　现在人常常会用"洛阳纸贵"这个成语来形容一个人的文章好。历史上，创造"洛阳纸贵"这一奇迹的是晋代文学家左思。左思在写著名的《三都赋》时，还只是一个名不见经传的文学青年。《三都赋》问世之后，他的超凡才思才被世人广泛关注。

　　左思小时候，身材矮小，相貌丑陋，说话结巴，整天一副痴痴呆呆的样子，所以他的父亲左雍一直不喜欢他。后来，左雍从一个小官吏慢慢熬成了御史，他常常对外人说后悔生了左思。左思成年时，左雍还经常对朋友说："左思虽然成年了，可是他掌握的知识和道理，还不如我小时候掌握的多。"

　　左思不甘心被父亲看不起，开始发愤学习。左思读了东汉班固写的《两都赋》和张衡写的《二京赋》，被其宏大的气魄、华丽的文辞所折服，从两篇文章中就可以看出东京洛阳和西京长安的气派。左思因此受到启发，他决心依据事实和历史的发展，把三国时魏都邺城、蜀都成都、吴都南京写入赋中，完成一篇《三都赋》。

　　左思为了使《三都赋》的文字有根据，开始收集大量的历史、地理、物产、风土人情的资料。左思为了写《三都赋》，还专门去找著名的文学家张载。这一天，左思背着个小包裹走在京都洛阳繁华的街头，他要去找著作郎张载。左思费了很大一番功夫，才见到这位老前辈。左思一见张载就说："大人，我是临淄的左思。学生爱重文学，很早就倾慕大人文章，我想创作一篇《三都赋》，还望大人不吝提携指教。"张载打量了一下面前的青年，见他相貌平常，说话带点口吃，但是爱好文学又有想法，应该给予鼓励。张载详细地询问了左思的创作思路和准备情况，并且把自己熟悉的一些情况向左思进行了介绍。

左思很高兴得到张载的支持和鼓励。可是，他没料到自己要作赋的消息传开之后，洛阳城的文人会奚落、讥讽他。有人说："哈哈，简直不知天高地厚，肚子里有多少才学，竟敢自比班固、张衡？"班固的《两都赋》、张衡的《二京赋》都是流传百年脍炙人口的皇皇巨著。他们认为一个无名小卒竟扬言写什么《三都赋》，自比班固、张衡，实在是痴心妄想。还有人说："瞧瞧他那副长相，听听他说的话，也配到东都来吹嘘？"

左思不为所动，收集好所有的资料之后，就闭门谢客，开始把自己关在一个屋子里苦写。他经常昼夜冥思苦想，反复推敲，才写出一个满意的句子。经过十年的艰苦创作，左思终于写成了《三都赋》。

当左思把自己的《三都赋》交给别人看时，却受到了讥讽。当时著名文学家陆机也曾想写《三都赋》，但是却一直没有下笔，他听说名不见经传的左思已经写了《三都赋》，就讽刺说："这个小子不知天高地厚，竟想超过班固、张衡，太拿自己当回事了！"他还给弟弟陆云写信说："京城里有一个狂妄的青年，他竟然写了一篇《三都赋》，我看他写的文章只配用来盖酒坛子！"

左思把自己的《三都赋》送给文学界的名人看。那些人见他是位无名之辈，根本就不细看，然后还把《三都赋》说得一无是处。不过，左思很快就遇到了一位知音——在文学界声誉很高的皇甫谧。他看了左思的《三都赋》，兴奋地称赞起来："这是成功的大作！我要为这篇作品写个序！"

皇甫谧给《三都赋》写了序，然后把文章一并送到著作郎张载和中书郎刘逵处。张载、刘逵看了之后，爱不释手，并且研究了起来。因为左思的这篇赋涉及许多山川地域，草木鸟兽，奇珍异宝，这两位前辈就商量着分别给赋作注。张载给《魏都赋》作注，刘逵给《吴都赋》《蜀都赋》作注。由于有著名的文学家给《三都赋》写序和作注，使得这部新作的影响更大，很快就开始流传了。以博学著称的司空张华读过《三都赋》，不禁赞叹："这作品是班固、张衡的水平。读完了还能让人留有余味，时间越久会越觉得新鲜，可以称得起传世之作！"之前扬言要拿《三都赋》盖酒坛的陆机也看了这篇赋。他心悦诚服，连声赞叹："这真是一篇优秀佳作！"并取消了写《三都赋》的打算。

《三都赋》经过诸多名人的品评、称颂之后，很快在京城传抄开了。高门大户要装文雅，书生文士想学文辞，官吏们也跟着凑热闹。结果一传十，十传百，人们争先恐后地传抄《三都赋》。当时的文章要想传播，主要靠笔纸抄写，由于抄赋的人太多，整个京城的纸张都脱销了，出现了"洛阳纸贵"的现象。原来每刀千文的纸一下子涨到两千文、三千文，后来竟售卖一空；不少人只好到外地买纸，抄写这篇千古名赋。

实际上，出现"洛阳纸贵"这一现象，除了《三都赋》本身的富丽文采，文坛名人不断的推荐等因素，更重要的是它包含了当时人们最关心的内容：进军东吴、统一全国。《三都赋》的写作手法及风格虽与班固的《两都赋》及张衡的《二京赋》相似，但它的思想主题却不是传统的"劝百讽一"。因此《三都赋》在后期大赋中具有重要地位。

左思不好交游，专心著作，曾用一年时间写成《齐都赋》。另有《招隐》诗两首，文笔流丽，其中"非必丝与竹，山水有清音"，很受后人赞赏。《娇女诗》一首，语言朴素，感情真挚，对小女儿的疼爱之情跃然纸上。

左思的诗歌代表作有《咏史》。《咏史》自班固以来大抵是一诗咏一事，在客观事实的复述中略见作者的意旨，而左思的《咏史》错综史实，融汇古今，连类引喻。左思早年有着强烈的入世之心，他很希望有所作为。但是在当时的门阀制度下，他始终怀才不遇。在《咏史》诗第二首中，他以"郁郁涧底松，离离山上苗。以彼径寸茎，荫此百尺条"的艺术形象，深刻地揭露"世胄蹑高位，英俊沉下僚"的不合理现象；在第七首中他借咏古代贤士的坎坷遭遇，沉痛地指出"何世无奇才，遗之在草泽"，对扼杀人才的黑暗现实进行了猛烈的抨击，其笔锋之尖锐，在两晋南北朝是不多见的。在《咏史》诗中他还借咏古人，阐明自己的生活态度和志向，"贵者虽自贵，视之若埃尘。贱者虽自贱，重之若千钧"。

左思《咏史》诗的基本特点：把深刻的现实内容，用巧妙的艺术形式表现出来。《咏史》诗的语言朴实，感情充沛，气势雄健，虽然一些内容是在抒发内心的郁闷苦恼，但没有流露出沮丧颓废的情调。左思的文多用对偶句，但没有呆滞之弊；他讲究炼字炼句，但是又不失自然；他祖述汉魏而不刻板仿古，落落写来，自成大家。

秋水长天之奇才王勃

　　王勃是唐朝初期公认的奇才。王勃六岁时，就能做文章；十四岁时，就能即席赋诗。《旧唐书》中写王勃："六岁解属文，构思无滞，词情英迈，与兄才藻相类，父友杜易简常称之曰：'此王氏三珠树也。'"杨炯在《王勃集序》说："九岁读颜氏《汉书》，撰《指瑕》十卷。十岁包综六经，成乎期月，悬然天得，自符音训。时师百年之学，旬日兼之，昔人千载之机，立谈可见。"麟德元年（664年），王勃上书右相刘祥道，中有"所以慷慨于君侯者，有气存乎心耳"之语，求刘祥道推荐自己。刘祥道随即向朝廷表荐王勃，后王勃被授予朝散郎之职。此时的王勃，才十几岁，还是一少年。

　　沛王李贤闻王勃之名，召王勃为沛府修撰，十分看重他。当时诸王经常斗鸡为乐，王勃闹着玩，写了一篇《檄周王鸡》，不料竟因此罹祸。唐高宗认为《檄周王鸡》一文会使诸王闹矛盾，于是将王勃赶出沛王府。其实，王勃此次受打击，并非真的因《檄周王鸡》触怒高宗，而是因别人嫉妒他的才华。杨炯在《王勃集序》说他"临秀不容，寻反初服"。王勃被赶出沛王府后，便去四川游玩，与杨炯等放旷诗酒，驰情于文场。

　　杨炯与王勃、卢照邻、骆宾王以文辞齐名，在文学史上被称为"初唐四杰"。他们几个人反对六朝以来颓废绮丽的风气，"思革其弊，用光志业"，致力于改革六朝文风，并提出一些革新意见，开始把诗文从宫廷引向市井，从台阁移到江山和边塞，题材扩大了，风格也较清新刚健，对于革除齐梁余风、开创唐诗新气象起了重要的作用。经过王勃等的努力，"长风一振，众荫自偃，积年绮碎，一朝清廓"，以独具特色的文风，奠定了他在中国文学史上的地位。

后来，王勃遭遇了人生的第二次打击。咸亨二年（671年）秋冬，王勃从四川返回长安参加科选，他的朋友凌季友当时为虢州司法，说虢州药物丰富，而他知医识药草，便为他在虢州谋得一个参军之职。在王勃任虢州参军期间，有个叫曹达的官奴犯了罪。王勃将曹达藏匿起来，后来又怕走漏风声，便杀死曹达以了其事，结果因此犯了死罪。幸亏遇大赦，没有被处死。此事甚为蹊跷，王勃为什么要保护曹达，既藏匿保护又怎会将其杀死？据新旧《唐书》所载，王勃此次被祸，是因恃才傲物，为同僚所嫉。官奴曹达之事，有人怀疑为同僚设计构陷王勃，或者纯属诬陷，不无道理。总之，王勃两次遭受打击，都与他的才华超人有关。

王勃这次被构陷，虽遇赦未丢掉性命，但宣告了他仕途的终结，也连累了他的父亲。王福畤因儿子王勃犯罪，被贬为交趾县令，远谪到南荒之外。

滕王阁是滕王李元婴在洪州任都督时建造的，因为它屹立在赣江边上，因而成为游览胜地。后来，时任洪州都督的阎伯屿在这里大宴宾客，邀请了很多名人出席。王勃前往交趾看望父亲时，也被邀请来参加宴会。当时，王勃年龄小名气也不大，所以被安置在末座。早在宴会开始之前，阎伯屿已经让他的女婿写了一篇《滕王阁序》，打算向在座的人夸耀一下，这样可以使他的脸上有光。

宴会开始后，宾客觥筹交错，互为恭贺。正在大家畅饮的时候，阎伯屿站了起来，得意扬扬地对众宾客说："今日诸位在滕王阁欢聚，真是难得的盛会，所以不能没有记录今日盛况的文章。诸位都是当今名士，文采风流，希望大家各显身手写赋为序，使高阁与妙文，同垂千古。"说完，他就装模作样地请宾客作文。

很多宾客早知道他的用意，所以都不肯写，要不谦称才疏学浅，要不就是借口病体未愈。最后，大家推来推去，推到了王勃身上。王勃没有推辞，立即接过笔墨，站起身来，拱手说道："不才探望父亲，路过洪州，今天有幸赴宴，不胜感激。都督盛情难却，我斗胆试笔，望都督和诸位先生不吝赐教。"众宾客见这个青年毫不谦让，不由大吃一惊。阎伯玙有些不高兴，但是却不好意思当众发作，只能强作笑颜地说："愿闻佳作！"

王勃凝神肃立了一会儿，卷起袖口，握起毛笔，饱蘸墨汁，开始奋笔疾书。宾客看着王勃，无不议论纷纷，有的说王勃不知天高地厚；有的却说王勃风度翩翩，不可小视。阎伯玙看着王勃在书写，听着这些议论，心中很不快，索性来到阁外，凭栏眺望江景，然后叮嘱部下将王勃写的句子随时报给自己听。一会儿，一个部下跑来报告《滕王阁序》的开头两句是"豫章故郡，洪都新府"。阎伯玙听后，冷笑道："老生常谈！"很快又有人来报："星分翼轸，地接衡庐。襟三江而带五湖，控蛮荆而引瓯越……"阎伯玙心想："开头写洪州地势雄阔，地处要冲，还是不错的。"

过了一会儿，部下又来向阎伯玙报告："落霞与孤鹜齐飞，秋水共长天一色。"阎伯玙听罢，不禁赞叹："真是奇才，此句当不朽矣！"之后，他又吟咏再三，然后意味深长地称赞道："落霞、孤鹜写动态，秋水、长天写静景，动静结合，妙语天然。秋日佳景，跃然笔上，宛然在目。眼前有景道不得，却被他一语道出，真乃神来之笔！这两句都是从庾信《马射赋》中的'落花与芝盖齐飞，杨柳共春旗一色'化来的，却注入了新意，令人耳目一新，真是绝妙！"很快，部下将完整的《滕王阁序》送来，阎伯屿看完这篇洋洋洒洒的序文，赞不绝口。片刻之后，部下又把王勃的《滕王阁》诗送了过来。阎伯屿接过来一看，是一首七言古诗："滕王高阁临江渚，佩玉鸣鸾罢歌舞。画栋朝飞南浦云，珠帘暮卷西山雨。闲云潭影日悠悠，物换星移几度秋。阁中帝子今何在，槛外长江空自流。"

阎伯屿吟咏完这首诗，不由赞叹："真可谓吊古之杰作，为当今所不多见呀！此诗虽写滕王阁，却直抒好景不长、年华易逝之慨，蕴含诗人进取向上之情。诗意新，格调高，气象伟，铸词精，用字炼。"这个时候，阎伯屿早已沉醉在王勃的美妙文字中，开始的怨气早已经消散。

王勃走到阎伯屿面前，施礼，说："晚辈献丑了，望都督赐教！"阎伯屿高兴地说："你下笔如有神，字字珠玑，句句精彩，真乃当世奇才呀！"阎伯屿马上召宾客重新入座开宴，并且把王勃尊为上宾，宾客们纷纷举杯祝贺。阎伯屿更是对王勃倍加赞赏，宴会直延至深夜才散。从此，王勃和他的《滕王阁序》名震海内。

之后，王勃继续远行交趾，结果途中溺水而死，结束了他年轻的生命。

王勃诗文俱佳，在扭转齐梁余风方面的功劳很大，为后世留下了一些不朽名篇。他的五言律诗《送杜少府之任蜀州》，是中国诗歌史上的杰作，久为人们所传诵，诗中的"海内存知己，天涯若比邻"更是成为千古名句，至今仍常被人们引用。王勃最为人所称道的还是他的《滕王阁序》。可惜王勃英年早逝，不得不说这是唐朝诗坛的一大损失。

崔颢楼头一首诗

　　崔颢，河南开封人，唐朝著名诗人。崔颢出身于唐代著名的门阀士族"博陵崔氏"，他于开元十一年（723年）进士及第，曾任许州扶沟县尉，但是仕途一直不顺利。后来，他游历天下，天宝年间先后被任命为监察御史、司勋员外郎。崔颢最为人称道的作品是《黄鹤楼》，李白都为之叹服。李白曾感叹道："眼前有景道不得，崔颢题诗在上头。"

　　崔颢的七律《黄鹤楼》，是他三十多岁漫游湖北时登楼所作。"昔人已乘黄鹤去，此地空余黄鹤楼。黄鹤一去不复返，白云千载空悠悠。晴川历历汉阳树，芳草萋萋鹦鹉洲。日暮乡关何处是，烟波江上使人愁。"这一首《黄鹤楼》奠定了崔颢在文学史上的地位。后人对这首诗评论很多，而且它的影响自唐代就开始了，其中最著名的是李白拟《黄鹤楼》作《登金陵凤凰台》的故事。

　　据说，李白来到黄鹤楼，正当诗兴沸然，挥笔欲题时，突然发现墙壁上题写着崔颢的《黄鹤楼》，顿时叹为观止，无法措辞。李白回去以后，仿照崔颢诗的格调先作了一首《鹦鹉洲》："鹦鹉来过吴江水，江上洲传鹦鹉名。鹦鹉西飞陇山去，芳洲之树何青青。烟开兰叶香风暖，岸夹桃花锦浪生。迁客此时徒极目，长洲孤月向谁明。"

　　这首诗由于刻意模仿，因此缺乏创新，及不上《黄鹤楼》。李白自己也明白这一点，但他不肯服输，始终想着要和崔颢一较胜负。当他漫游金陵时，又仿效《黄鹤楼》做了一首《登金陵凤凰台》："凤凰台上凤凰游，凤去台空江自流。吴宫花草埋幽径，晋代衣冠成古丘。三山半落青天外，二水中分白鹭洲。总为浮云能蔽日，长安不见使人愁。"

这首诗由神话起笔，写了吴国和东晋王朝的遗迹，抒发了对社会沧桑、历史变迁的感慨，同时眼前一切，更激发了诗人对祖国河山的热爱。可以说，李白的这首诗无论从思想上，还是艺术手法上，都可以和《黄鹤楼》媲美了。崔颢在诗坛的地位当然不能和李白相比，但他以一首诗为李白多般效法，可见他诗的长处。

崔颢凭借这一首《黄鹤楼》名扬天下，但历史上关于他的记述却非常少。原来，崔颢跌宕一生，只做过太仆寺丞、司勋员外郎等不起眼的官，且"有文无行。终司勋员外郎……"为什么会有"有文无行"呢？因为崔颢早期作诗"多写闺情，流于浮艳"，而且"娶妻唯择美者，俄又弃之，凡四五娶"。作诗流于浮艳，娶妻唯择美者，固然不好，却也不是什么恶迹。但是，崔颢娶了之后又弃之，并且乐此不疲，这就是恶行了。

崔颢"少年狂傲，纵情迷性"，这也是造成当时的人对他印象不好的主要原因。相传北海太守李邕闻崔颢诗名，虚舍邀之，崔颢来献诗，首章曰"十五嫁王昌"，李邕却十分生气，认为他很无礼，将他赶走。实际上呢，崔颢的这首《王家少妇》（又名《古意》）："十五嫁王昌，盈盈入画堂。自矜年最少，复倚婿为郎。舞爱前溪绿，歌怜子夜长。闲时斗百草，度日不成妆。"主要是写普通的闺房之乐，却惹恼了自认为是君子的李邕。

崔颢一生大部分时间生活在盛世开元、天宝年间，他与王昌龄、高适、孟浩然等人在当时齐名。虽然崔颢因为嗜酒、行为放荡招来非议，但是他刻苦作诗的精神却为人称道。据说，他写诗的时候，为寻词觅句，冥思苦想，经常精疲力竭以至于患病。朋友跟他开玩笑说："不是病使你消瘦，而是你的诗使你消瘦。"

崔颢早期诗大多写闺情和妇女生活，诗风较轻浮，反映上层统治阶级生活的侧面；他后期的诗以边塞诗为主，诗风雄浑奔放，反映边塞将士的慷慨豪迈、戎旅之苦。

崔颢早期诗的代表作有《王家少妇》《相逢行》《川上女》等。他所作的闺房诗其实并不是所有都浮艳。《王家少妇》中的"度日不成妆"就恰好说明这些妇女虽然锦衣玉食、斗草戏乐，却也饱含怨忧和无奈，连妆都懒得化了。在《相逢行》中，崔颢写道："女弟新承宠，诸兄近拜侯。"这是在影射杨贵妃及其从兄杨国忠。在贵妃得宠、杨氏窃柄弄权位极人臣，大多数人敢怒而不敢言的时候，崔颢敢于指出来，还在别的诗篇中继续针砭时弊、讽刺杨氏，如"人生今日得骄贵，谁道卢姬身细微""莫言炙手手可热，须臾火尽灰亦灭"等。崔颢在《川上女》中描写船家女的生活："川上女，晚妆鲜，日落青渚试轻楫，汀长花满正回船，暮来浪起风转紧，自言此去横塘近，绿江无伴夜独行，独行心绪愁无尽。"内容健康，风格清新，活泼自然，令人感到非常亲切。可见，从总体上来说，崔颢写妇女的诗篇，大多数内容还是健康的，艺术上也是成功的。

崔颢因为仕途不得志，后期游历了大江南北。游历边塞的经历，也使他的诗的内容和风格大为转变，他开始以写边塞诗为主，诗风变得雄浑奔放。他的边塞诗主要歌颂戍边将士的勇猛，抒发他们报国赴难的豪情壮志。例如，《古游侠呈军中诸将》："少年负胆气，好勇复知机。仗剑出门去，孤城逢合围。杀人辽水上，走马渔阳归。错落金锁甲，蒙茸貂鼠衣。还家且行猎，弓矢速如飞。地迥鹰犬疾，草深狐兔肥。腰间带两绶，转盼生光辉。顾谓今日战，何如随建威。"《辽西作》："燕郊芳岁晚，残雪冻边城。四月青草合，辽阳春水生。胡人正牧马，汉将日征兵。露重宝刀湿，沙虚金鼓鸣。寒衣著已尽，春服与谁成。寄语洛阳使，为传边塞情。"崔颢的边塞诗内容紧凑、流畅，读起来雄厚大气。

诗惊韩愈的少年天才李贺

　　唐代大诗人李贺被称为"天纵奇才"，他的诗歌立意新奇、有浓厚的浪漫主义色彩，为唐诗开拓了一个新的艺术境界。李贺是一位有才华却很短命的诗人，他仅活了二十七岁，但是为后世留下了两百多首诗歌。

　　李贺是唐代初年郑王的后裔，但是到李贺出生的时候，家世早已没落了。他的父亲李晋肃是一个低级的小官吏，但是他却十分重视对李贺的教育。李贺四岁时，父亲就教他识字念书；五岁时，父亲就给他讲解诗文。李贺十分聪明，而且学习也很刻苦认真，他七岁就能写诗了。

　　关于李贺七岁写诗，还流传着一个故事。李贺七岁时做的诗因笔力雄健、新奇瑰丽，一时在京城中传开了，甚至有一些人争着抄他的诗。这些诗稿传到了著名文学家韩愈和皇甫湜手里，他们觉得诗风雄浑，气宇不凡，都不相信这是出自七岁幼童之手。

　　这天，韩愈和皇甫湜打听到李贺的住所，于是便驾着马车去探查了。李贺的父亲听说韩愈和皇甫湜登门，连忙出门迎接。韩愈和皇甫湜说明来意，李晋肃忙叫李贺上来拜见。满脸稚气的李贺走过来，向客人问过好后，就站在父亲身边。韩愈掏出传抄的诗稿递给李贺，问："这首诗是你写的吗？"

　　李贺接过诗稿，看了看，点点头说："是的。"皇甫湜走过来，拉着李贺的手说："可不可以当面写一首诗呢？"李贺笑了，调皮地说：

"原来两位老伯来此是专门为考我的啊！请老伯赐题吧！"韩愈想了想，对李贺说："就以我和皇甫大人来访为题，做一首诗吧！"李贺点点头，略加思索，便旁若无人地写起来。

父亲李晋肃知道身边的二位是当代大文豪，他谦逊地对他们说："犬子只会乱写，还望二位大人赐教。"父亲话音刚落，李贺的诗便写成了，他恭敬地呈给两位大人。韩愈、皇甫湜接过一看，立刻被这首《高轩过》吸引住了："华裾织翠青如葱，金环压辔摇玲珑。马蹄隐耳声隆隆，入门下马气如虹。云是东京才子，文章巨公。二十八宿罗心胸，元精耿耿贯当中。殿前作赋声摩空，笔补造化天无功。庞眉书客感秋蓬，谁知死草生华风。我今垂翅附冥鸿，他日不羞蛇作龙。"这首诗头四句描绘了韩愈、皇甫湜身穿华丽的衣服，驾着高头大马车前来探访；中间的六句，主要称赞扬他们的才华；最后四句表达了诗人希望在两位才华横溢的前辈的提携下，实现自己理想的宏伟志愿。

韩愈和皇甫湜都被这首雄健奔放的诗吸引住了，他们赞扬这首诗情真意切，词采华丽，连连叹道："神童呀，果然名不虚传！"

李贺的诗受到韩愈和皇甫湜的肯定，他非常开心。韩愈还教导他，写诗要贴近生活，不能空泛。此后，李贺写诗越来越勤奋了，并且努力搜集创作素材。

李贺长大以后，经常背着一只旧锦囊，骑上匹瘦马出门游历。他四处体验生活，每到触景生情，偶得佳句，便立刻把所得诗句记在纸条上，投入锦囊。每次回家时，他背上的锦囊总是装得鼓鼓的。到了晚上，李贺再从锦囊中取出纸条，反复琢磨。

李贺为了感激自己的这匹瘦马，专门写下《马诗二十三首》，其中一首的内容是："此马非凡马，房星本是星。向前敲瘦骨，犹自带铜声。"

这首诗开门见山，强调这是一匹非同寻常的好马。次句"房星本是星"，是说这匹马本不是尘世间的凡物。《晋书·天文志》中写道："房四星，亦曰天驷，为天马，主车驾。房星明，则王者明。"书中把"房星"和"王者"直接联系起来，就是说马的处境与王者的明暗、国家的治乱息息相关。后两句绘声绘色地写马的形态和素质。"瘦骨"写形，表现马的处境；"铜声"写质，反映马的素质。这匹马瘦骨嶙峋，显然境遇不好。在常人的眼里，它不过是匹筋疲力尽的凡马，只有真正爱马、善于相马的人才会把它当作好马。诗歌通过写马，创造出物我两契的深远意境。诗人怀才不遇，境况凄凉，恰似这匹瘦马。他写马，不过是委婉地表达出郁积心中的怨愤之情。

《马诗二十三首》中还有一首诗的内容是："大漠沙如雪，燕山月似钩。何当金络脑，快走踏清秋。"

该诗前面两句主要是写景色，平沙覆盖着大漠宛如白雪茫茫，连绵的燕山山脉上，一弯明月当空。这幅战场景色，一般人也许只觉得悲凉肃杀，但对于志在报国之士却有异乎寻常的吸引力。后面两句借马抒情：什么时候才能披上威武的鞍具，在秋高气爽的疆场上驰骋，建功立业呢？李贺通过咏马、赞马或慨叹马的命运，来表现志士的奇才异质、远大抱负及怀才不遇于时的感慨与愤懑，其表现方法属比体。

李贺的母亲见儿子每天很早就骑着匹瘦马出门，很晚才回来，也不知道他在外面做什么。有一天，母亲取过锦囊倒出一张张写有诗句的纸条，这才恍然大悟，不禁心疼地说："这孩子为写诗，是非要把心呕出来才罢休啊！"晚上，李贺让婢女取来文房四宝，他把那些诗句补成完整的诗，再投入其他袋子。只要不是遇到一些特别的事情，他每天都这样做，过后也不再去看那些作品。好友王参元、杨敬之等人经常来李贺家，每次过来都会从锦囊中取出诗稿，抄写一些自己喜欢的诗歌带走。李贺常常独自骑马来往于京城长安和洛阳之间，所到之处他都写下不少作品，有时候还会随意丢弃一些不满意的。李贺以极大的热情写诗，他的《长歌续短歌》里便有他为写长歌磨破了衣襟，为吟短诗愁白了少年头的描写："长歌破衣襟，短歌断白发。"

由于李贺平时注重观察生活，认真积累素材，所以他的诗歌真实质朴，在绮丽的意境中有很强的艺术感染力。他的一些名句，例如："黑云压城城欲摧，甲光向日金鳞开""衰兰送客咸阳道，天若有情天亦老""雄鸡一声天下白"等，都是脍炙人口的句子。他的《雁门太守行》《金铜仙人辞汉歌》等诗歌，至今依然被人们传诵。

李贺虽然很有才华，但是一生不得志。李贺二十岁那年，到京城长安参加进士考试。因他父亲名为晋肃，与进士同音，官方以冒犯父名取消了他的考试资格。为此，韩愈特意写了一篇《讳辨》的文章为李贺辩护。后来，李贺因为诗写得好，名气很大，担任了一名奉礼郎的卑微小官，留在京城。在这段时间内，他的诗歌才华受到广泛的称誉，王孙公子们争相邀请他参加宴会，作诗助兴。但是，他在仕途上依然不顺。李贺本来胸怀大志，却做了这样一个形同仆役的小官，感到十分屈辱，于是就称病辞去官职，回福昌老家过上隐居的生活。不幸的是，李贺二十七岁就去世了。

据传，李贺临终前，忽然看见一个穿红衣的人驾着红色的虬龙，说是来召唤他上天。李贺下床来磕头说："我母亲老了，而且生着病，我不去。"红衣人说："天帝刚刚建成一座玉楼，召你去写文章。天上的生活很快乐，快去吧！"李贺独自哭泣，旁边的人都看见了。过了一会儿，李贺就断气了。他平时所住房屋的窗子里，有烟气袅袅向上空升腾，还有微微的行车声和奏乐声传出来。

李贺虽然壮年夭折，但是他写下的瑰丽诗篇却为他在文学史上留下了一席之地，他的诗将永远被传诵。

王安石智斗苏轼

宋神宗时期，文人苏轼自诩为天下第一聪明人，后来他一举成名，官拜翰林学士。当时的宰相是王安石，他见苏东坡天资聪慧，过目不忘，出口成章，又很有才华，所以非常器重他。可是，当时的苏轼年轻气盛，仗着自己颇有天资，因此比较恃才傲物。

王安石写了一本《字说》，这本书从字面上解释了每一个字的意思。一天，王安石与苏轼在一起闲聊时，突然讨论到"坡"字的意思。王安石说："'坡'字从土，从皮，'坡'就是土的皮。"苏轼笑了笑，说："这么说，'滑'字从水，从骨，就是水的骨了！"王安石又说："'鲵'字从鱼，从儿，合起来就是鱼子。四匹马叫作'驷'，天虫写作'蚕'。古时候的人造字，都有它特定的含义。"苏轼看了看王安石，故意说："'鸠'是九鸟，你知道其中的原因吗？"王安石不知道是什么原因，也不知道苏轼是在开玩笑，连忙虚心向他请教。苏轼笑着说："《毛诗》说：'鸤鸠在桑，其子七兮。'七个子女加上他们的爹妈，一共是九个，所以是九鸟。"王安石听了，没有说话，他觉得苏轼虽有才华，但是有些轻狂，应该给他一些教训，让他成熟稳重一些。

不久，苏轼被贬官到湖州做刺史。三年期满，苏轼重新被召回到京城。苏东坡在回京的路上想："当年得罪这位老太师，也不知他生气了没有，回去得马上拜访他。"所以，苏轼到京城之后，还来不及安好家，便骑马往王安石府奔来。离府很近了，苏轼下马步行。他见府门前站着许多听事官吏，便问道："列位，老太师在吗？"守门官上前回答："我家老爷还没醒，请到门房稍坐。"苏轼在门房中坐下，将门半掩。

过了一会儿，王安石府中有一少年人出府。众官吏躬身揖让，此人从东向西而去。苏轼命人去问相府中适才出来者何人，从人打听明白回复，是府中的徐掌房。苏轼记得王安石很宠用徐伦，忙对从人说："既是徐掌家，与我赶上一步，快请他转来。"从人飞奔去了，赶上徐伦，不敢于背后呼唤，从旁边抢上前去，垂手侍立于一旁，说："小的是湖州府苏爷的长班。苏爷在门房中，请徐老爹相见，有话说。"徐伦问："可是长胡子的苏学士？"从人道："正是。"徐伦听说是苏轼，微微而笑，转身便回。

从人先到门房，对苏轼说："徐掌家到了。"徐伦进门房见到苏轼，准备跪下见礼，苏轼急忙用手搀住。徐伦一直在相府掌管内书房，外府州县的官员到京参谒丞相，知会徐伦，俱有礼物、单帖通名，今日见苏轼为什么还要下跪？原来，苏轼之前常与王安石往来，徐伦自小在书房侍候，所以现在见他也不好称大。苏轼很顾全徐伦的面子，用手搀住他，急忙说："徐掌家，不要行此礼。"徐伦站起来说："这门房不是您坐的地方，请跟我进府到东书房待茶。"

东书房是王安石的外书房，凡是他的门生和好友来了，一般都在这里招待。徐伦引苏轼来到东书房，看了坐，命下人烹好茶伺候，然后说道："苏大人，小的奉老爷之命往太医院取药，不能在此服侍。"苏轼说："那你去办要紧事吧！"徐伦就走了。苏轼四下看了看，四壁书橱都上锁了，文几上只有笔砚，没有其他东西。苏轼打开砚匣，看了看砚池，是一方绿色端砚，非常漂亮。砚上的墨水未干，他准备盖上时，忽然发现砚匣下露出一些纸。苏轼扶起砚匣，这才发现是一方素笺，叠成了两摺。苏轼取出来看，原来是两句未完的诗稿，诗的标题为《咏菊》，他认得是王安石笔迹。苏轼看了看，然后笑着说："之前，我在京为官时，老太师一会儿就下笔数千言。三年后，他已经成了这样，真是江郎才尽了呀，两句诗不曾终韵。"

苏轼拿着诗念了一遍："西风昨夜过园林，吹落黄花满地金。这两句诗简直就是胡说。"一年四季中，春天为和风，夏天为薰风，秋天为金风，冬天为朔风。这诗首句说西风，西为金，金风就是秋风。秋风一起，梧叶飘黄，群芳零落。但是第二句又说吹落黄花满地金。黄花即菊花，深秋开放，最能耐久，并不落瓣，也不会被吹落。苏轼发现王安石诗歌的错误，不能自已，举笔舐墨，依韵续诗二句："秋花不比春花落，说与诗人仔细吟。"

苏轼写完，又觉得有些不妥，心想："如果老太师款待我，见我这样对他，恐怕脸面上过不去。"可是，诗已经写了，把它藏起来吧，万一王安石出来寻不到诗，肯定会责怪仆人。苏轼想来想去，还是把诗原样放好，然后走出门，对守门官说："一会儿老太师醒了，你禀告他一声，说苏某在这里伺候多时。只因初到京城，一些事没有办妥，所以先行告退，明天再来拜见。"苏轼说完，便骑着马回住所了。

过了没多久，王安石醒了，他惦记着自己的诗还没有写完，便径自往书房走来。王安石坐定后，找出诗稿，马上皱起眉头。他叫来仆人问："刚才谁到过这里？"仆人忙回答："苏学士刚来过。"王安石从笔迹上也认出了苏轼的字，口里不说什么，心里却在想："苏轼遭贬三年仍没有收敛，竟然续诗来讥讽我！他真是自以为是。不过他不曾去过黄州，也就不知道那里的菊花落瓣。"于是，王安石细看了一下黄州府缺官名单，发现那里缺一个团练副使。第二天早朝，王安石便上奏皇帝，将苏轼派去黄州任职。

苏轼知道自己改诗触犯了王安石，没办法，只得领命。苏轼临行时，王安石派人来找他，告诉他午后请他到家中用饭。苏轼依约前往。王安石与他以师生的礼节相见，并说："你被贬去黄州，是圣上的主意，我也没有办法。你没有怪我吧？"苏轼说："学生知道才能不够，哪里敢怪老太师呢？"王安石笑道："你的才华出众，怎么还不够呢？只是你此去黄州，没事的时候还是要多读些书。"苏轼说："谢谢老太师指教。"但是，苏轼心中十分不服气："我读书万卷，还读什么书？"

王安石和苏轼一起用过饭之后，苏轼就要告辞。王安石将他送至大厅外，对他说："我幼年的时候读了十几年书，得了一种病，现在经常发作。太医院说这是痰火之症，虽然服药，但是难以根除，他新近给我了一个茶方，据说可以根治，但是必须用瞿塘峡的水烹服。瞿塘太远了，我几次想派人去取，都因不方便而作罢。这次你去的黄州，正好离瞿塘不远，假如你方便的话，带一罐瞿塘峡的水给我。"苏轼答应了，第二天他便离京前往黄州。

苏东坡在黄州认识了一个新朋友陈慥陈季常，他们俩每天游山玩水，饮酒赋诗，日子过得很逍遥。很快，就到了重阳节，结果天天刮大风，好不容易等到风住了，苏轼想到后院里种了几种黄菊，决定趁天气不错去赏花。此时，陈季常上门拜访，苏轼便拉上他一同到后园去赏菊。苏轼到后园一看，菊花枝上空空如也，满地铺金，他当即惊得目瞪口呆。陈季常问苏轼："你为什么这样惊诧？"苏轼就把自己改王安石诗的前后经过告诉了陈季常，他说："原来老太师把我贬到黄州，是为了让我看菊花啊！"陈季常笑道："古人说的好，广知世事休开口，纵会人前只点头。假若连头俱不点，一生无恼亦无愁。"苏轼说："我真的错了。以后，我不能再轻易取笑别人了。"

不久，苏轼拜访马太守，又说起了自己续写菊花诗的事。马太守笑着说："老太师学问渊博，大人大量，你如果去京城向太师赔罪，他一定会转怒为喜，原谅你的无知。"苏轼说："我倒是很想去，可惜没有一个进京的理由。"马太守说："我这里有个差事，不过不敢劳驾你。"苏轼问："什么事？"马太守说："每年冬至，地方都照例差遣一名地方官送贺表进京，你愿意去吗？"苏轼说："我愿去。"

苏轼回到家中，想起了王安石嘱咐他取瞿塘峡水的事情，暗自发誓一定要替老太师办好这件事，以赎过去的罪过。但是，此事又不能轻托他人。现在夫人身体不好，不如告假送她还乡，正好还可以取得瞿塘峡水。黄州至眉州，走水路正好从三峡过，但是自黄州到眉州，总有四千余里，路上比较费时间。苏轼心里盘算："如果送夫人到眉州，就很可能耽误了冬至贺表。我不如从陆路送她至夔州，然后让她自回，我在夔州换船，取了瞿塘峡之水，转回黄州，再进京，这样公事、私事两不耽误。"

苏轼和夫人收拾好行李，辞别了马太守，乘坐马车起程。到了夔州之后，苏轼与夫人分手，嘱咐得力管家，一路小心服侍夫人回去。苏轼自己乘船自夔州出发，顺流而下。江上水势很大，船行很快，苏轼因为旅途劳顿，不知不觉间竟然睡着了。当他醒来时，船早已经出了三峡。苏轼对船家说："我要取瞿塘峡之水，快给我拨转船头。"船家说："老爷，回船便是逆水行舟，日行几里而已。"苏轼沉吟了一会儿，问："我问你，三峡之中，哪一峡的水好？"船家说："三峡相连，上峡流于中峡，中峡流于下峡，水都是一样的，难分好坏。"东坡暗想："三峡相连，水都是一样的，也不必非得取中峡水。"于是，苏轼叫手下买了个干净磁瓮，汲了满满一瓮水，用柔皮纸封固，即刻开船，直至黄州。到了黄州，苏轼夜间草成贺冬表，送去马府。马太守读了表文，赞叹不已，择了吉日，与苏轼饯行。

苏轼带了一瓮水，星夜赶到东京，他乘马到相府拜见王安石。王安石正好在家，闻门上通报："黄州团练使苏轼求见。"王安石笑道："让他先等一会儿，再引他到东书房等我。"王安石先到书房坐下，守门官捱了好一会儿，方才请苏轼到东书房。苏轼想到东书房是自己改诗的地方，不免有些尴尬。他到书房见了王安石下拜。王安石用手相扶说："不在大堂相见，就是为了免去这些虚礼。"苏轼坐下后，看见诗稿贴在对面。王安石用手一指，说："子瞻，一年过去了，这是去年作的诗！"苏轼立马跪在地上，王安石用手扶住，问："子瞻为什么行此礼？"苏轼说："学生得罪了！"王安石道："你见了黄州菊花落瓣吗？"苏轼说："是的，已经见过了。"王安石说："目中未见此一种，也怪不得子瞻。"苏轼说："以前学生才疏学浅，全仗老太师海涵。"两个人闲聊了一会儿，王安石问道："老夫要的瞿塘峡水，你取了没？"苏轼说："已经带来了。"

王安石命人将水瓮抬进书房，然后亲自打开纸封，又命人在茶灶中烧水。王安石见水开了，取白定碗一只，投一撮阳羡茶在碗里，倒入水，观察茶色。半晌之后，王安石问苏轼："你的水是何处取的？"苏轼道："瞿塘峡。"王安石道："真的吗？"东坡道："真的。"王安石大笑，说："你又来哄骗老夫！这是下峡大水，如何冒充中峡？"苏轼大惊，急忙复述当地人言：三峡相连，一般样水。他说："学生误听了，实是取下峡之水。老太师何以辨之？"王安石说："读书人不可轻举妄动，要细心察理。我如果不是亲自到黄州看过菊花，诗中是不敢乱写黄花落瓣的！《水经补注》中记录了瞿塘的水性：上峡水性太急，下峡太缓，唯中峡缓急相半。太医用中峡水引经，用此水烹阳羡茶，上峡味浓，下峡味淡，中峡在浓淡之间。今见茶色半晌方见，故知是下峡。"

苏轼听完之后，急忙离座跪下谢罪。王安石示意他起来，然后说："这不是什么罪！都是因为子瞻过于聪明，以致疏忽。老夫今日无事，不自揣量，想考一考你。"苏轼又自信起来，欣然说："老太师，请出题吧！"王安石说："若我先考你，别人知道了，会说我倚老卖老。不妨你先考我吧，我再请教你。"苏轼忙推托说："学生不敢。"王安石说："你不敢考我，我也不敢在你面前狂妄。这样吧，我叫书童把所有的书橱打开，你任挑其中一本，从中随便捡一句，我要是答不来下句，就算我输了。"

苏轼心里想："难道他真能把这些书都记住？我有些不信！可是我也不敢考他呀！"王安石见苏轼犹豫，再次催他。苏轼说："那学生恭敬不如从命了。"苏轼故意挑那些灰尘多的书，以为王安石很久不看了，一定忘记了。他随口念一句："如意君安乐否？"王安石接道："窃已啖之矣。"苏轼答道："正是。"王安石反问："这句怎么讲？"苏轼没有看过这本书，不知道怎么回答，心想："还是别惹这老头子，千虚不如一实。"于是，他恭敬而谦虚地说："学生愚钝，确实不知。"王安石说："你怎么会不知道呢？这说的是一个小故事：汉灵帝时期，长沙郡武冈山后有一个几丈深的狐狸洞，里面有两头九尾狐狸。它们经过多年修炼以后，已能变化成人形，因此时常变成美妇人，把男人诱骗到洞中行欢作乐，稍有不如意，就把他们给吃了。有一天，一个叫刘玺的樵夫上山，被这两个狐狸精捉住了，她们开始对他颇好，两只狐狸轮流出门寻食，留一只看守。有一天大狐狸出门了，小狐狸在家看守，遇到不如意，就把刘玺吃了。大狐狸回来以后，问道：'如意君安乐否？'小狐狸答道：'窃已啖之矣。'于是两只狐狸便追打起来，满山喊叫。被山上的樵夫听到了，记入了《汉末全书》。"苏轼这才心服口服地说："老太师学问渊深，学生才浅，远不能及。"

王安石微笑着说："你已经考过我了，我要考考你了。"苏轼说："请老太师出题。"王安石想了想，说："我听人说你善于对对联，我们就对个对联吧。今年正月立春，十二月又是立春，是个两头春，又有一个闰八月，我就以此为题。"他思考了一会儿，说，"一岁二春双八月，人间两度春秋。"一个闰八月，两个立春，的的确确是两个春与秋。另外，对联的第四字与第十二字都是"春"字，要求下联也具备同样的特征，这就极大地增加了难度。苏东坡虽是奇才，但是想了好久，也没想出下联。

王安石问苏轼："子瞻从湖州至黄州，经过苏州、润州吗？"苏轼回答说："经过了。"王安石说："苏州金阊门外，至于虎丘，这一带路叫作山塘，大约有七里，其半路名为半塘。润州古名铁瓮城，临于大江，有金山、银山、玉山三山，山上都有佛殿寺院，子瞻可曾去游览？"苏轼回答："学士确实去游览了。"王安石说："我再以苏州、润州，各出一对，子瞻对之下联。苏州的上联是：'七里山塘，行到半塘三里半。'润州的上联是：'铁瓮城西，金玉银山三宝地。'"苏轼思前想后，也没能对出下联，最后只好灰溜溜地告辞了。

王安石知道苏轼经过这次教训之后，会谦虚谨慎不少，于是爱惜其才的心思又起。第二天，王安石奏明了宋神宗，恢复了苏轼的翰林学士职位。

古人说"满招损，谦受益"，没有人能见尽天下事，读尽天下书，参尽天下理，如果骄傲自满的话，肯定会让自己的生活多出许多不应有的坎坷。苏轼的才华肯定在王安石之上的，可是因为他不谦虚，反而输给了王安石。可见做人一定要谦虚，不能在人前自夸。有人借这个故事做了首诗训诫世人："项托曾为孔子师，荆公反把子瞻嗤。为人第一谦虚好，学问茫茫无尽期。"

巧舌如簧的对句奇才纪晓岚

　　纪晓岚生于直隶河间府献县（今河北沧州）的书香门第，为纪容舒次子。他自幼就非常聪明，六岁时参加童子试，并以优异的成绩被人称为"神童"。一次，纪晓岚捉到一只麻雀，偷偷地把它藏在一个墙洞里喂养，不想被老师施先生发现了。施先生怕他玩物丧志，将麻雀取出摔死了。施先生临走前，还在墙洞附近写了一句话："细羽家禽砖后死。"纪晓岚去喂麻雀时，发现它已经死了，墙上还有施先生写的话，于是他就接了下句："粗毛野兽石（施）先生。"施先生看到后，十分恼火，认为纪晓岚是在辱骂自己，于是手执教鞭责问纪晓岚为何骂他。纪晓岚却从容不迫地解释："我是按先生的上联对的下联，有细必有粗，有羽必有毛，有家必有野，有禽必有兽，有砖必有石，有后必有先，有死必有生。所以，我就写了下联'粗毛野兽石先生'。如果先生还有更好的下联，那请改写一下吧！"施先生想了半天，也没有想出更好的下联，最后无可奈何地拂袖而去。

　　纪晓岚经过多年的发奋苦读，于乾隆十九年（1754年）参加了殿试，考中二甲第四名进士，进入翰林院，从此走上了仕途。纪晓岚进入翰林院后，十分得意，但是他不善交际，只能到几位前辈府上行走。在这些前辈的指导下，他的学问和阅历有所增长，并且也适应了官场的生活。但是，纪晓岚自幼恃才逞强，进入官场后，仍未改变。

一天，纪晓岚和刘墉等人聚会，刘墉提出要对对子，几个人一致赞同。对了几轮对子以后，大家慢慢地没了兴致。因为这种应酬之作，对这帮才子来说早已经是老生常谈，他们个个都是行家里手，对对子毫不费力。刘墉突然想起了一件事，他说："前日，大栅栏的一剃头店掌柜找我题写匾额，我为他写了'整容堂'三字，却一时没有想出好的对联，诸位有没有好的对联？"刘墉话音刚落，纪晓岚便说："石庵兄，我有一现成的对联，写出就可应付了。虽然毫发技艺，却是顶上功夫。"大家听了之后，齐声叫好，但是都嫌他对得太快。这时，一个人说道："我也有一联，虽不如纪兄的工巧，但作为剃头店的门联来用，却也还合适。不教白发催人老，更喜春风满面生。"大家也都觉得这副对联不错。这时候纪晓岚又道出一联："到来尽是弹冠客，此去应无搔首人。"纪晓岚脱口对句的事情也一时传为佳话。

这年冬天，纪晓岚在南书房当值。一位太监总管早就听人谈论过翰林纪大才子，于是便走到纪晓岚身边，仔细打量起来，他身材魁伟，英俊潇洒，身上穿着皮袍，手里却拿着一把折扇。当时文人有一种雅好，那就是不管什么时候都拿一把折扇，不少文人学士都是这样，这本不足为奇，但是在冬天还拿着把扇子，实在有些好笑。太监总管便上前冲纪晓岚笑了一笑，对他说："小翰林，穿冬衣，持夏扇，一部春秋曾谈否？"纪晓岚听了总管的话，看看自己的打扮，也觉得有些好笑。但是，他已经习惯了恃才戏谑别人，哪里受得了别人笑话？于是，他站起来，恭敬地施了一礼，说："老总管，生南方，来北地，那个东西还在吗？"这个时候，南书房里爆出一阵哄堂大笑。纪晓岚的下联戳到老太监的痛处，他十分难堪，苦笑着指点了纪晓岚几下，却又没说出什么话来，转身悻悻而去。

有一年的冬天，纪晓岚跟随乾隆南巡，一行人来到白龙寺，适逢寺僧鸣钟。古刹里钟声悠然，乾隆来了兴致，挥笔写下："白龙寺内撞金钟。"纪晓岚见了，知道乾隆有意考他，便从容挥笔写了下联："黄鹤楼中吹玉笛。"乾隆看后，拍手称赞："佳对！"

有一年夏天，乾隆见池中荷花初放，得句云："池中莲藕，攥红拳打谁？"纪晓岚看到池子左边的蓖麻，便以问对句，答道："岸上蓖麻，伸绿掌要啥？"同样以问句相对，天衣无缝，令乾隆称奇。

纪晓岚见京城当铺林立，随口吟出一句上联："东当铺，西当铺，东西当铺当东西。"但苦思不得下联。后来，他到通州当主考官，见通州有南北之分，苦思数月，终于对出了下联："南通州，北通州，南北通州通南北。"真是绝妙之极！纪晓岚熟读诗书，记忆力很强，有人曾以杜甫《兵车行》中的"新鬼烦冤旧鬼哭"出联考他。他巧妙地运用李商隐《马嵬》中"他生未卜此生休"作对，天衣无缝，工整贴切。

纪晓岚随驾巡视到某县，这里的知县早就听说纪晓岚才华横溢，极善对句，想亲自试之。于是，他便出了个刁钻的上联："鼠无大小皆称老。"纪晓岚思虑片刻，一时难以对出来，环视四周，见有一鹦鹉，便从容对道："鹦有雌雄都叫哥。"知县对纪晓岚的才华暗暗称奇。

纪晓岚有一位脾气不好的医生。纪晓岚因病前去求诊，这位医生朋友对他说："我出个上联，你若能对出下联，就不收你的诊费、药费。"纪晓岚心想对对联还能难倒我？便点头应允。医生出的上联为："膏可吃，药可吃，膏药不可吃。"纪晓岚便借其脾气发挥，续了下联："脾好医，气好医，脾气不好医。"这歌下联一语双关，十分有趣！

有一年秋天，一个经常愚弄百姓的戏班到纪晓岚家乡演出。因该地很穷，生活很差，戏子们心中怨气很大。于是，在一出戏中饰"主考官"的戏子便借戏讽刺该地的乡民："酸芥菜，臭黄瓜，入口眉愁眼眨。"恰逢纪晓岚回乡看望父母，他听到这句话后愤然回敬道："毁梨园，败戏德，开台腔乱调翻！"

纪晓岚的诙谐幽默使人出尽洋相，但是又让人无可奈何。一天，和珅邀请纪晓岚参观自己的新宅，并请他为新宅题字。纪晓岚虽然很讨厌和珅，但是也不好推辞。在参观了和府的亭台楼阁、假山水榭之后，他在翁郁的南竹和花草树木间，题下"竹苞"二字。这二字典出《诗经》中的"如竹苞矣，如松茂矣"，意为人丁兴旺。这天，乾隆皇帝到和府游览，看到了那块写有"竹苞"的匾额，竟然哈哈大笑："竹字拆开，是个个；苞，是上草下包。这不是在说你们和家个个是草包吗？这是谁题的字啊？"和珅听了，一时羞愧得无地自容。

纪晓岚的机敏和才学不仅体现在对对联和解字上，在言谈和处事上也有体现。一天，纪晓岚陪乾隆在御花园里散步。乾隆想开个玩笑，便问纪晓岚："纪爱卿，'忠孝'二字怎么解释呢？"纪晓岚回答："君要臣死，臣不得不死，此为忠；父要子亡，子不得不亡，此为孝。"乾隆听了，心里暗自高兴，以为纪晓岚中了圈套了，立即说："那好，朕要你现在就去死。""这——"纪晓岚慌乱了一下，随即就想出了一个好主意，便说，"臣遵旨！"

乾隆见纪晓岚真领旨了，于是好奇地问："你打算怎样死？"纪晓岚故意装作既害怕又紧张的样子小声回答："跳河。"乾隆一挥手，说："好，你现在就去跳吧。"乾隆说完之后，就有些后悔了，但他是皇上，金口玉言，岂能说话不算数，而且他身边有许多大臣，收回成命就太没面子了。纪晓岚走后，乾隆便在花园里踱着步，心中既好奇，又紧张，他想知道纪晓岚是真的去死了吗？

过一会儿，纪晓岚跑了回来。乾隆很奇怪，板起脸假装生气地问道："纪爱卿，你怎么还没有死呢？"纪晓岚说："我刚刚走到河边时，碰到了屈原，他不让我跳河寻死。"乾隆感到奇怪，问："你这话是什么意思？"纪晓岚说："我到了河边，正要往水深处走时，屈原站在水里向我说：'纪晓岚，你此举大错矣！想当年楚王昏庸，我才不得不死。如今皇上如此圣明，你为什么要死呢？赶紧回去吧！'"乾隆听了，哈哈大笑："好一个巧舌如簧的纪晓岚！朕要赏你。"纪晓岚知道皇上并不是真想让自己去死，只是碍于面子不好收回命令，所以想了一计，给乾隆铺设了一个台阶，不仅挽救了自己的性命，还得到了奖赏。

乾隆好大喜功，他认为在自己的治理下百姓安居乐业，应该在教化上做出流芳百世的业绩，于是就产生了编一部旷世巨著的想法。编纂这样一部浩瀚的图书，必须选博览群书的才子担此大任，纪晓岚就被选中了，乾隆任命他为《四库全书》的总纂官。

乾隆让纪晓岚编纂《四库全书》，对他来说真是如鱼得水。一天，正值盛夏，纪晓岚打着赤膊坐在案前整理书稿。这时，乾隆突然驾到。大臣衣冠不整见驾，会被治欺君之罪，更何况纪晓岚这副模样！他急忙钻进桌子底下，躲避乾隆。其实乾隆早就看到他了，向左右摇手示意，叫他们别作声，自己就在纪晓岚藏身的桌前坐下来。时间长了，纪晓岚感到憋气，听听外面鸦雀无声，又因桌围遮着看不见，他也不清楚皇上走了没有。

于是纪晓岚偷偷伸出一根中指，低声问："老头子走了没有？"乾隆心里又好气又好笑，故意喝道："放肆！谁在这里？还不快滚出来！"纪晓岚听到皇上的命令，实在没办法，只好从桌子底下爬出来，跪在地上。乾隆说："你好大的胆子，为什么叫我老头子？你讲得有理，我就饶你，否则就要治你欺君之罪！"纪晓岚缓缓神，说："陛下是万岁，应该称'老'；尊为君王，举国之首，万民仰戴，当然是'头'；子者，'天之骄子'也。叫您'老头子'是至尊之称。"

乾隆听了很满意，于是又问："那中指又是什么意思？"纪晓岚伸出一只手，说："中指代表'君'，'天地君亲师'的'君'。一只手从左边数起，天地君亲师，中指是君；从右边数起，天地君亲师，中指仍是君，所以中指代表君。"乾隆听完，哈哈大笑，说："爱卿机智可嘉，恕你无罪！"

编修《四库全书》是乾隆时期的一个文化盛举，是中国文化史上的一件大事，也是纪晓岚一生最大的成就。纪晓岚主持编纂工作时，根据纂修官的撰写初步清理甄别书籍后，提出了"应刊刻""应钞录""酌存目""勿庸存目"等意见，经乾隆过目之后，再对各篇书目提要进行认真的考订。从作者的年代、生平事迹，到著作的内容要旨、长短得失，乃至别本异文、典籍源流，都在纂修官原来撰写的基础上进行增删或分合，反复进行修改。最后再按照传统目录学的经、史、子、集分为四部，全面进行筹划，排序编次。编修《四库全书》的工程十分浩繁，前后共用了十年的时间，终于编成《四库全书》三千四百六十余种、七万九千三百余卷。在《四库全书》编修工作中，纪晓岚的功劳最大。

纪晓岚历任礼部尚书、兵部尚书、左都御史、协办大学士等要职，一心秉承圣意，因此除了编《四库全书》，别的方面没有什么政绩可言。但是，纪晓岚是个文人，他也在立言方面不甘寂寞，于是就编写了《阅微草堂笔记》。这里面的作品是纪晓岚追忆往日见闻的杂记之作，采访范围极广，上自官亲师友，下至皂隶士兵。内容极其繁杂，地方风情、宦海变幻、典章名物、医卜星相、奇闻逸事、狐精鬼怪，几乎无所不包。全书共四十万字，收录了一千二百多则故事。纪晓岚学宗汉儒，对道学虚伪有所抨击。《阅微草堂笔记》中有多处以嘲弄口吻讽刺道学家的迂腐虚伪。

嘉庆十年（1805年）二月，纪晓岚感染风寒，从此一病不起。有一天，纪晓岚昏睡了很久，醒来之后，精神十分振奋。他的儿子急忙送来莲子羹。纪晓岚喝了几口，摇头示意不喝了，然后用微弱的声音说："我想了一个上联，莲（怜）子心中苦，你对下联吧！"儿子没有心思对对联，只得佯装思考。纪晓岚又低声说："梨（离）儿……腹……内……酸……"说完，就闭上了双眼。

纪晓岚从编修、侍读学士累迁至礼部尚书、协办大学士，曾任《四库全书》总纂官多年，晚年著有《阅微草堂笔记》。纪晓岚的文情华瞻，慧黠敏捷，是个对句奇才，天地万物、古今诗赋无不可入对。纪晓岚出口成趣，其炉火纯青的文字功夫让人叹为观止。

第三章　激昂篇

骆宾王檄书惊天下

　　骆宾王，字观光，婺州义乌（今浙江义乌）人。他生性聪慧，七岁就能写诗，并且佳句不断。骆宾王写文章，文思泉涌，下笔千言，雄伟峭劲。他与当时的卢照邻、王勃、杨炯以诗文齐名，合称为"初唐四杰。"

　　骆宾王初入仕途，就做了侍御史。可是，没过多久，唐高宗驾崩，武则天临朝听政。起初，武则天怕一些大臣议论，还立太子为皇帝；后来见没有多少人针对她，便将皇帝废为庐陵王，自己称帝，并且大肆杀害唐朝宗室。骆宾王实在看不下去了，便给武则天上书，说不应该废唐立周。武则天看完骆宾王的上书，勃然大怒，将骆宾王贬为临海丞。

　　武则天贬了骆宾王之后，害怕还有人像骆宾王这样做，于是就下诏不许再议李唐王朝之事，否则就严刑重罚。武则天原本是想以此来封别人的口。结果，诏令一出，却惹恼了很多人，其中一位就是徐敬业（即李敬业）将军。他原是个有血性的男子，一直受李唐王朝的爵禄，见武则天身为唐皇的后妃，承恩受宠无比，现在却废唐为周，大悖伦常，报答李唐王朝的忠义之心大起，于是训练精兵，准备讨伐武则天。徐敬业怕天下人不知武则天的罪名，所以想写一篇可以传播天下的讨伐武则天的檄文。他听说骆宾王很有文采，刚好又被武则天贬了官。于是，他派人到临海，把骆宾王请到军中为艺文令，草拟军中的书檄。

　　这时的骆宾王正满腹牢骚，无处发泄，将军徐敬业请他写檄文，正中下怀，于是欣然同意，提笔愤然写出《代李敬业传檄天下文》：

伪临朝武氏者，性非和顺，地实寒微。昔充太宗下陈，曾以更衣入侍。洎乎晚节，秽乱春宫。潜隐先帝之私，阴图后房之嬖。入门见嫉，蛾眉不肯让人；掩袖工谗，狐媚偏能惑主。践元后于翚翟，陷吾君于聚麀。加以虺蜴为心，豺狼成性。近狎邪僻，残害忠良。杀姊屠兄，弑君鸩母。人神之所共嫉，天地之所不容。犹复包藏祸心，窥窃神器。君之爱子，幽之于别宫；贼之宗盟，委之以重任。呜呼！霍子孟之不作，朱虚侯之已亡。燕啄皇孙，知汉祚之将尽；龙漦帝后，识夏庭之遽衰。

敬业皇唐旧臣，公侯冢子。奉先帝之成业，荷本朝之厚恩。宋微子之兴悲，良有以也；袁君山之流涕，岂徒然哉！是用气愤风云，志安社稷。因天下之失望，顺宇内之推心。爰举义旗，以清妖孽。南连百越，北尽三河，铁骑成群，玉轴相接。海陵红粟，仓储之积靡穷；江埔黄旗，匡复之功何远？班声动而北风起，剑气冲而南斗平。暗鸣则山岳崩颓，叱咤则风云变色。以此制敌，何敌不摧！以此图功，何功不克！

公等或家传汉爵，或地协周亲，或膺重寄于爪牙，或受顾命于宣室。言犹在耳，忠岂忘心！一抔之土未干，六尺之孤安在？倘能转祸为福，送往事居，共立勤王之勋，无废旧君之命，凡诸爵赏，同指山河。若其眷恋穷城，徘徊歧路，坐昧先几之兆，必贻后至之诛。请看今日之域中，竟是谁家之天下！移檄州郡，咸使知闻。

骆宾王的《代李敬业传檄天下文》很快就被传到武则天案前。她细细读去，读到"蛾眉不肯让人""狐媚偏能惑主"时，忍不住掩口而笑；读到"一抔之土未干，六尺之孤安在"两句，便惊讶地问道："这檄文是谁所做？"左右忙上前禀报说："这就是被贬做临海丞的骆宾王所写。"武则天听了之后，再三叹息说："我贬他，原以为他是个庸臣，谁知他有这么高的才能。让他遭此流落之苦，这是宰相的过错呀！"可见这篇檄文煽动力之强了。

　　骆宾王在这篇檄文的开头，先讲武则天篡位不合法，人品低劣，作风放荡。她出身寒微，用手段在更衣的地方得到唐太宗临幸，后与太子偷情。唐太宗死后，入寺为尼，后来她竟然复出成为唐高宗的皇后，而且与后宫嫔妃争风吃醋。用儒家传统的道德观来看，武则天已经臭不可闻。接下来的内容则讲武则天的狠毒。从臣到夫，从兄弟姊妹到家母，通吃不怠；武则天篡权野心与燕啄皇孙的疯狂跃然纸上。他还哀叹匡复社稷无人，为下文徐敬业的出现做铺垫。接着，骆宾王把徐敬业大肆夸赞了一番，指出徐敬业是唐初徐茂公之孙，把起义军的实力也炫耀了一番。最后，骆宾王用情动人，呼唤天下的人都追随徐敬业。整篇檄文非常煽情。

　　骆宾王的檄文一出，迅速传遍天下，天下人都知道了武则天的罪过，都赞叹徐敬业的忠心，纷纷思量追随他一起恢复大唐。这篇檄文立论严正，先声夺人，将武则天视为罪人，列其数罪。借此宣告天下，共同起兵，起到了很大的宣传鼓动作用。

　　可惜徐敬业用兵水平实在太差了。他优柔寡断，错过了好时机，只好逃亡海外，最后于中途被叛将所杀。骆宾王见起义失败了，知道自己难以再做官，便从此销声匿迹了。后来，武则天派人四处追查骆宾王。追查了一年多，哪里还有骆宾王的影子，武则天只好作罢。后来，有人说骆宾王死在乱军之中了，有人说他逃回义乌去了，有人说他削发为僧了。

　　据说，骆宾王在隐居前，心情复杂，既感慨复国无望，自己的壮志不遂，又感念武则天对自己的恩德。他中途遇到旧友，写了一首《于易水送人》诗："此地别燕丹，壮士发冲冠。昔时人已没，今日水犹寒。"

　　表面上看这是一首送别诗，实际上它是一首咏史诗。前两句通过咏怀古事，写出了诗人送别友人的地点。此地指易水，壮士指荆轲。《史记·刺客列传》记载，荆轲奉命刺杀秦王，太子丹和众宾客送他到易水岸边。临别时，荆轲怒发冲冠，慷慨激昂地唱起《易水歌》："风萧萧兮易水寒，壮士一去兮不复还！"然后义无反顾地启程了。荆轲是轻生重义、不畏强暴的英雄人物，千百年来一直被人们所尊敬和爱戴。骆宾王遭受武则天政权的迫害，爱国之志无从施展，所以在易水送别时，联想起荆轲告别太子丹的悲壮故事，借咏史以喻今，为下面抒写后两句创造了环境和气氛。诗的后两句怀古伤今，抒发了诗人的感慨。这两句诗是用对句的形式，一古一今，一轻一重，既咏史又抒怀。诗人充分肯定了古代英雄荆轲的人生价值，同时也倾诉了自己的抱负和苦闷，表达了对友人的希望。

骆宾王面对着易水，仿佛听到了荆轲唱的悲凉激越的告别歌声，使人凛然而产生一种奋发之情。诗中的"寒"字是对现实的概括，不仅是指天寒气冷，更是觉得意冷心寒。骆宾王有着远大的志向，愿洒满腔热血干一番惊天动地的事业，然而生不逢时，所以心中充满孤愤不平。

骆宾王在送别友人之际，发思古之幽情，表达自己对古代英雄的无限仰慕，以及向友人倾诉自己满腔热血无处释放的苦闷。

先天下忧而后天下乐——范仲淹

范仲淹是北宋著名的政治家、文学家，他最为人所熟知的文章就是《岳阳楼记》。在这篇文章中，范仲淹写道："先天下之忧而忧，后天下之乐而乐。"这句话就是他一生的写照。

端拱二年（989年），范仲淹出生于徐州，他的父亲为徐州节度掌书记。后来，范仲淹凭着自己的刻苦，终于考上进士，先后任广德军司理参军、文林郎、秘阁校理、吏部员外郎，并官至参政知事。范仲淹为官之后，一直力图革新政治。

康定元年（1040年），西夏李元昊称帝，然后举兵进攻延州。北宋王朝与西夏的战事开始了。七月，范仲淹和韩琦被皇帝任命为陕西经略安抚副使，来到西北前线。后来，范仲淹又以各种身份与韩琦分管陕甘军政大事。范仲淹作为一名大将，与西夏寸土必争，人们说"小范老子腹中有数万甲兵"，西夏也因他不敢轻易进犯。远离家乡的滋味不好受，不管是兵士还是将领都不免会思念家乡。九月，塞外秋风乍起，北风呼啸，驼马长嘶，草木繁响，使人越发感到凄凉。兵士们吟唱着一支悠长的曲子，仰望大雁南归，心中的思乡之情越发浓重。可是战争的烽火还在持续，如果没有取得胜利，将士们也回不去的！

范仲淹作为一名主帅，深深地体会到边防生活的艰苦和战士们思乡的情绪，他自己也有感触，于是挥笔写下了《渔家傲·秋思》："塞下秋来风景异，衡阳雁去无留意。四面边声连角起。千嶂里，长烟落日孤城闭。浊酒一杯家万里，燕然未勒归无计。羌管悠悠霜满地。人不寐，将军白发征夫泪。"

秋日傍晚的边塞更加荒凉萧瑟，大雁成群结队飞回南方，似乎没有一点留恋的意思。四面杂乱的边声和悲壮的军乐混合在一起，像是有意撩拨人的情怀。在落日余晖和烟雾缭绕的群山中，有一座已经关闭的孤城。孤城中守边将士的生活怎样呢？心情沉重的将军，边喝着酒边想着远方的家乡。但是，敌人还没有打败，哪里能归去？在寒霜落地，笛声哀怨的夜晚，没有人能睡得着。将军因为持久的战事和长久的劳苦，头发都白了，战士们因为长久远离家乡，也不免流下伤时的眼泪。在边声号角、长烟落日的壮阔雄伟的背景下，战士立功报国的壮志和离乡的忧思，如同洪水一样冲击着人们的心灵。很明显，这首词是咏叹边防将士的内心抑郁的。抑郁是由于不曾击破敌人为国立功，而不是消沉，所以它的风格沉郁悲壮。

庆历三年（1043年），李元昊请求议和，西方边事稍宁。宋仁宗召范仲淹回京，后来任命他为参知政事。宋仁宗多次召见范仲淹等人，征询天下大事。范仲淹主张先消除朝廷陈弊，上书仁宗，提出"明黜陟、抑侥幸、精贡举、择官长、均公田、厚农桑、修武备、减徭役、推恩信、重命令"十项主张。庆历四年（1044年），范仲淹又上书仁宗四策："一曰和，二曰守，三曰战，四曰备。"请朝廷力行七事："一，密为经略；二，再议兵屯；三，专于遣将；四，急于教战；五，训练义勇；六，修京师外城；七，密定讨伐之谋。"新政实施后，很多人的利益受到影响，于是毁谤新政的言论逐渐增多。

次年初，曾一心想励精图治的宋仁宗面对各方的压力，最终选择完全退缩，下诏废弃一切改革措施。参与变革的范仲淹也自请离京。范仲淹看着京师内外的达官贵人及其子弟，依旧歌舞喧天，心情十分沉重。他来到了邠州做知州，做一些力所能及的事。这时，范仲淹已近花甲，因不适应边塞的严寒，随后被允许到稍暖的邓州做知州。此时，一起参与新政的富弼被贬至青州（今山东益都），欧阳修被贬去滁州（今安徽滁县），滕宗谅被贬至岳州（今湖南岳阳），尹洙则到了筠州（今江西高安），并备受凌辱。范仲淹经过申请，把尹洙接到邓州来养病。尹洙临终时，极为贫困，他笑着告诉范仲淹："死生乃是正常的规律。既无鬼神，也无恐惧。"

此后，富弼从青州给范仲淹寄来诗歌。范仲淹对富弼的评价很高，还回信劝他不厌卑微，认真工作，"枢府当年日赞襄，隐然一柱在明堂""直道岂求安富贵，纯诚惟欲助清光"。庆历六年（1046年），滕宗谅派人送来一幅岳阳楼图，说他已将该楼重新修葺，并将历代有关的赞扬诗赋一并送来，希望范仲淹写一篇岳阳楼记。一天夜晚，秋风送爽，月光明媚。范仲淹把岳阳楼图张挂起来，开始凝神构思。他小的时候随继父在澧州安乡（今湖南安乡）读书，曾到过岳阳。如今回想起来，岳阳的景色十分美，洞庭湖远衔青山，近吞长江，朝辉夕雾，气象万千。晴日登上岳阳楼，便会觉得心旷神怡、荣辱皆忘，把酒临风，喜气洋洋。阴雨天登上岳阳楼远望，人们常会有去国怀乡之叹，忧谗畏讥之感，真是满月萧萧，无限悲凉。

范仲淹回想岳阳楼胜景时也在构思文章，他不愿一般地触景抒情，而是想在勾勒洞庭秀色与前人情致之后，提出一些深邃的见解，熔铸一种崇高的思想境界，以此来激励自己和遭到贬黜的友人。于是，他乘兴挥毫撰写了千古传诵的《岳阳楼记》：

庆历四年春，滕子京谪守巴陵郡。越明年，政通人和，百废具兴，乃重修岳阳楼，增其旧制，刻唐贤今人诗赋于其上，属予作文以记之。

第三章 激昂篇

予观夫巴陵胜状，在洞庭一湖。衔远山，吞长江，浩浩汤汤，横无际涯；朝晖夕阴，气象万千，此则岳阳楼之大观也，前人之述备矣。然则北通巫峡，南极潇湘，迁客骚人，多会于此，览物之情，得无异乎？

若夫淫雨霏霏，连月不开；阴风怒号，浊浪排空；日星隐曜，山岳潜形；商旅不行，樯倾楫摧；薄暮冥冥，虎啸猿啼。登斯楼也，则有去国怀乡，忧谗畏讥，满目萧然，感极而悲者矣。

至若春和景明，波澜不惊，上下天光，一碧万顷；沙鸥翔集，锦鳞游泳，岸芷汀兰，郁郁青青。而或长烟一空，皓月千里，浮光跃金，静影沉璧，渔歌互答，此乐何极！登斯楼也，则有心旷神怡，宠辱偕忘，把酒临风，其喜洋洋者矣。

嗟夫！予尝求古仁人之心，或异二者之为，何哉？不以物喜，不以己悲，居庙堂之高则忧其民，处江湖之远则忧其君。是进亦忧，退亦忧。然则何时而乐耶？其必曰"先天下之忧而忧，后天下之乐而乐"乎！噫！微斯人，吾谁与归！

时六年九月十五日。

范仲淹在文中指出：古代仁人志士与俗子的不同之处，在于他们的情感不轻易地随景而迁。升官发财之日，他们不会得意忘形；遭厄受穷之时，他们也不致愁眉不展；假若身居高职，他们能为民解忧；一旦流离江湖，他们还惦念着替君主分忧。在位也忧，离职也忧，那么什么时候才能不忧而获得快乐呢？那么，他肯定会这样回答：先天下之忧而忧，后天下之乐而乐！

"先天下之忧而忧，后天下之乐而乐"，是范仲淹一生所追求的为官为人的准则，是他忧国忧民思想的高度概括。范仲淹每到一个地方上任，便兴修水利，培养人才，保土安民，其政绩斐然，真正做到了为官一任、造福一方。但是，他在生活上十分俭朴，平时居家不吃两样荤菜，治家十分严谨，妻子儿女的衣食只求温饱，一直到晚年，都没建造一座像样的宅第。他还喜欢将自己的钱财送给别人，待人亲热，乐于助人。当时很多的贤士都是在他的指导和荐举下成长起来的。即使是乡野和街巷的平民百姓，也都能叫出他的名字。在他离任时，百姓常常拦住他的去路，要求他继续留任。

《岳阳楼记》送到岳州，滕宗谅大为感动。他立即命人刻石。这篇文章也很快传遍全国，其中那两句格言——"先天下之忧而忧，后天下之乐而乐"，更是被人们广为传诵。宋仁宗听到这两句话，也不禁慨然称颂。

范仲淹不仅有激昂的一面，也有柔肠宛转、缠绵悱恻的一面。他曾写过一首《苏幕遮·怀旧》："碧云天，黄叶地，秋色连波，波上寒烟翠。山映斜阳天接水，芳草无情，更在斜阳外。黯乡魂，追旅思，夜夜除非，好梦留人睡。明月楼高休独倚，酒入愁肠，化作相思泪。"这是一首描写羁旅乡愁的词。乡魂、旅思、愁肠、相思泪，映衬出触景生情、夜不能寐的游子离恨，动人的秋景又反衬出游子深长的乡愁。"状难写之景如在目前，含不尽之意见于言外。"

岳飞壮气冲天满江红

岳飞是妇孺皆知的抗金名将，他有卓越的军事才能，治军严明，抗金时屡立战功，是当时令朝野刮目相看的中兴四将之首。岳飞还是一个词人，他创作的作品不多，最为人所称道的只有一篇《满江红》。但是，岳飞的这一篇词作，其卓越的艺术成就和满篇的壮志豪情，已足以使他跻身词人的行列。

岳飞出生于相州汤阴的一个农家，他少年时沉默寡言，喜好读《春秋》《孙子兵法》，并且能骑射，可以左右开弓。岳飞二十岁的时候，朝廷招募勇士抵御辽军。他积极应征，被任命为分队长，自此开始了军戎生活。靖康元年（1126年）冬，岳飞随刘浩部一起划归宗泽，这是他初次成为宗泽的部将。岳飞在抗金时英勇奋战，以军功迁为修武郎。建炎二年（1128年）秋，金太宗发动对南宋的战争，岳飞用疑兵之计打败金军，因功升为武功郎。此后，岳飞因战功先后转武略大夫、英州刺史、都统制。

绍兴六年（1136年），岳飞出师北伐，攻占了伊阳、洛阳、商州和虢州，继而围攻陈蔡，他的《满江红》就写于此时。在岳飞北伐前，眼病和母亲去世这两件事影响了他的布置。岳飞自着手建立岳家军，连续六年夏天剿匪、冬天抗金。特别是夏天在南方湿热的气候中用兵，让岳飞这个北方人很不适应。绍兴五年（1135年）六月，平定杨幺后，岳飞的眼病加重，以至于不得不上奏恳请解除军务养病。当时，宋高宗还倾向于主战，于是拒绝了岳飞的申请，反而说岳飞"措置上流事务，责任繁重""卿当历忠愤之素心，雪国家之积耻，勉副朕志，助成大勋"。经过一段时间的治疗，岳飞的眼病才稍有所好转。

岳飞是历史上著名的孝子，他和母亲在一起时，总是无微不至地侍候母亲，亲自为她调药换衣。岳飞的母亲于绍兴六年三月二十六日去世。岳飞和家人扶着母亲的灵柩，徒步走到江州的庐山。安葬完母亲之后，岳飞就留在东林寺中为母守孝。按古代官场的制度，岳飞必须丁忧三年，只有在特殊的情况下方可起复，即居官守丧。岳飞坚持要丁忧三年，但满朝文武一致反对。宋高宗命宦官邓琮到东林寺请岳飞起复，岳飞以衰服谢恩，邓琮坚持不允，但岳飞却三诏不起。最后，宋高宗对岳飞进行了严厉的训诫，说岳飞"至今尚未祗受起复恩命，显是属官等并不体国敦请""如依前迁延，致再有辞免，其属官等并当远窜"。主战派领导人物李纲急忙单独给岳飞写信，"宣抚少保以天性过人，孝思罔极，衔哀抱恤""幡然而起，总戎就道，建不世之勋，助成中兴之业"，言辞极其恳切，希望岳飞不要因私废公。岳飞最终下了决心，放弃守孝三年的打算，重返鄂州后带兵镇守襄汉。

绍兴六年正月，主战派宰相张浚到前线巡视。他召集各路大将商议军事，并向宋高宗上奏，称赞韩世忠忠勇、岳飞沉鸷，这两个可以倚办大事。三月，宋高宗任命韩世忠为京东、淮东路宣抚处置使，岳飞为荆湖北路、京西南路宣抚副使，并且移镇为武胜、定国军节度使。此次都督行府军事会议决定：韩世忠和岳飞主攻，张俊和刘光世主守。韩世忠自承州、楚州出兵攻京东东路的淮阳军（今江苏邳州）；岳飞自鄂州出发到襄阳府，然后北伐；张俊自建康府出发到泗州；刘光世由太平州出发到庐州，由杨沂中的殿前司军作为张俊部的后援。

韩世忠率先发动攻势，但是岳飞还在临安府觐见宋高宗，无法配合他作战。韩世忠在淮阳军宿迁县（今江苏宿迁）击败伪齐守军，围困了淮阳军城池。但是几天之后，伪齐的大批援兵赶到，韩世忠被迫撤退。当时，都统制王彦患重病，他的八字军驻荆南府，和岳家军的防区相邻。此后，左相赵鼎和右相张浚决定将八字军移屯襄阳府，由王彦出任襄阳府知府兼京西南路安抚使，归岳飞节制，一旦王彦病死了，就把八字军并入岳家军。但是，王彦身体又有好转，而且他因为一些旧事拒不接受这项任命，朝廷只好将八字军调驻临安。这样一来，岳家军没能增强军力，反而接管了八字军防区，导致兵力分散。

七八月间，岳飞再次出兵北伐。他任命伪齐降官李通为向导，牛皋为先锋左军统制。先头部队迅速攻下汝州鲁山县附近的伪齐镇汝军，活捉守将薛亨。薛亨由岳家军参议官李若虚押送至临安府。宋高宗命薛亨在岳家军中戴罪立功，结果二十多年后，他仍在鄂州军中服役。牛皋又继续攻下颍昌府大部和蔡州附近区域。岳飞率主力则往西北方向进攻。八月初，王贵、董先、郝晸等攻占虢州州治卢氏县，缴获粮食十五万石。岳家军旋即攻占了虢略县（今河南灵宝）、朱阳县（今河南灵宝西南）和栾川县。王贵继续西向攻克了商州全境，包括上洛县（今陕西商州）、商洛县（今陕西商州东南商洛镇）、洛南县、丰阳县（今陕西山阳）和上津县（今湖北郧西）。商州是吴玠的战区，之前吴玠的部将邵隆已上奏要收复这里，朝廷已经任命他为商州知州。岳飞攻克商州后，催促邵隆赴任，以便岳家军的人马从这里撤出，再继续征战。

此后，岳家军攻取伊阳县。八月十三日，伪齐军在长水县的业阳迎战岳家军悍将杨再兴，结果被击败。十五日，杨再兴带领岳家军夺取长水县城，缴获粮食两万石，并得马万匹。此后，岳家军又攻克了永宁县和福昌县。李纲在接到岳飞的捷报后，回信夸赞岳家军："屡承移文，垂示捷音，十余年来所未曾有，良用欣快。"此时，岳家军在陕南的山区作战，后勤供应线过长，导致粮草不足。岳飞只得班师，留王贵等戍守，但商州的全境和虢州的部分地区已经被南宋所控制。邵隆在赴商州就任知州时称"披荆棘，立官府，招徕离散，各得其心"，后来他将商州发展成要塞和下一次进攻的后勤基地。

岳家军在撤回鄂州（今湖北武昌）时，连绵的秋雨刚刚停歇，岳飞独在江边的楼阁上凭栏北望。此次北伐，岳飞壮志未酬，不免感慨万千，于是写下了流传千古的名篇《满江红·怒发冲冠》："怒发冲冠，凭栏处、潇潇雨歇。抬望眼，仰天长啸，壮怀激烈。三十功名尘与土，八千里路云和月。莫等闲、白了少年头，空悲切！靖康耻，犹未雪。臣子恨，何时灭！驾长车，踏破贺兰山缺。壮志饥餐胡虏肉，笑谈渴饮匈奴血。待从头、收拾旧山河，朝天阙！"

岳飞的这首词，激奋人心，鼓舞将士杀敌上战场，同时也展现了他为国立功、满腔忠义的豪气。开篇凭栏眺望，指顾山河，胸怀全局，正英雄本色。岳飞通过这首词，道出了让自己闷闷不乐的心事，他并不满足于已建的功勋，他牵念的是那尚在金人蹂躏之下的八千里江山。岳飞认为自己的功劳和统一祖国的大愿相比，不过是尘土，不足挂齿。他激励自己不可坐享以往的功勋旧绩，以致老死时空叹壮志未酬，愧对中原父老。这首词，抒发了岳飞对敌人的刻骨之恨，对祖国的真挚情怀，表达了不收复故土决不罢休的冲天壮志。这首词如江河直泻，曲折回荡，感人至深。岳飞之后的许多忠臣义士，多以这首词来自勉，可见它的影响之深。

岳飞在这首词中，也表达了反对议和、主张抗战到底的决心。绍兴九年（1139年），岳飞在鄂州听说南宋和金朝即将达成和议，立即上书表示反对，并且强调金人的话不可信，议和的局面不会持续多久。他还直接抨击了秦桧出谋划策、居心不良的投降活动。南宋和金朝达成和议后，宋高宗赵构十分得意，颁下大赦诏书，对文武大臣大加封赏。可是，他给岳飞下了三次诏书，加升他为开府仪同三司（一品官衔）的爵赏和三千五百户食邑的封赐，岳飞都拒绝接受。岳飞还在辞谢中，痛切地表示反对议和，他认为这件事情是危险的，是令人担忧的，而不是可以祝贺的好事，并再次表示收复中原的决心，"愿定谋于全胜，期收地于两河，唾手燕云，终欲复仇而报国"。

岳飞拒绝接受封赏和上书主战，无异于给宋高宗当头泼了冷水，因而宋高宗、秦桧十分痛恨他。但是，岳飞不顾个人得失，坚持抗金到底。他亲自率领军队，联络北方义军，继续抗金，筹划收复中原、统一祖国。绍兴九年，金朝的金兀术撕毁了两国的和议，再度发兵攻打南宋。在东、西两线军取得抗金大捷的形势下，岳飞率军从长江中游挺进，实施反击。岳家军进入中原后，受到中原人民、义军的热烈欢迎。七月，岳飞亲率一支轻骑驻守河南郾城，随后和金兀术带领的一万五千精骑发生激战。岳飞亲自率领将士，向金军阵地突击，大破金军的侍卫亲兵和"拐子马"精锐骑兵，大败金兀术。岳飞部将杨再兴单骑闯入敌阵，想活捉金兀术，可惜没有得手。

岳飞在郾城取得大捷后，乘胜向离金军大本营汴京仅四十五里的朱仙镇进军。金兀术集合了十万大军抵挡，结果仍然被岳飞打得大败。岳飞此次北伐，一口气收复了颍昌、蔡州、陈州、郑州、郾城、朱仙镇，消灭了金军大批人马，金军因此军心动摇。金兀术连连战败，准备夜里从开封撤逃。南宋抗金斗争出现了根本的转机，再向前一步，就有希望收复沦陷了十多年的中原。这个时候，岳飞兴奋地对大将们说："直抵黄龙府，与诸君痛饮尔！"然而外敌难以撼动的岳家军，却遭到了南宋朝廷内部投降派的暗算。

在抗金战争取得辉煌胜利的时候，宋高宗赵构担心岳飞一旦收复中原，金人会放他的哥哥宋钦宗回来，那样他的皇位就保不住了。于是，宋高宗急切地希望与金人议和。窥探到皇帝心理的宰相秦桧，抓住皇上这个难言的心病，开始破坏岳飞的抗金斗争。宋高宗和秦桧狼狈为奸，密谋制订了全线撤军、葬送抗金大好形势的计划。宋高宗首先命令东西两线收兵，这样就直接导致岳家军孤军突出的不利态势，随后皇帝又以孤军不可久留为名，连下十二道金牌，急令岳飞班师。

岳飞要么班师，要么只能在不利的形势下出击。岳飞为了保存抗金的队伍，不得不忍痛班师，他愤慨地对部下说："十年之功，废于一旦！所得诸郡，一朝全休！社稷江山，难以中兴！乾坤世界，无由再复！"岳飞的抗金斗争被迫中断。岳家军班师时，久久渴望收复中原的父老乡亲，拦道恸哭。岳飞为了保护这些老百姓，故意对外散布明日渡河的消息，吓得金兀术连夜弃城逃窜，准备北渡黄河。岳飞抓住这个机会，从容地组织河南大批人民群众南迁，然后才撤离中原。这时，有人骑马追上金兀术死谏："太子毋走，京城可守也，岳少保兵且退矣！……自古没有权臣在内，而大将能立功于外者。"金兀术采纳了谏言，立即整军回到开封，不费吹灰之力夺回了中原大地。

岳飞回到临安后，立即遭到了秦桧、张俊等人的陷害。绍兴十一年（1141年），岳飞被人诬告，有人称他要谋反，于是他被关进了临安大理寺。监察御史万俟卨亲自刑审岳飞。此时，南宋与金朝之间，正加紧策划第二次和议，双方都视以岳飞为主的抗金派为眼中钉。金兀术甚至写信给秦桧："必杀岳飞而后可和。"在内外两股势力夹击下，岳飞已经被置于死地。秦桧一伙儿从岳飞身上没找到任何反叛朝廷的证据，但岳飞依然被宋高宗赐死。

绍兴十一年除夕，岳飞被杀害于临安大理寺内，年仅39岁。临死前，他在供状上写下"天日昭昭，天日昭昭"八个大字。岳飞的儿子岳云、部将张宪也被腰斩。岳飞父子被杀之后，激起了南宋抗金军队和老百姓的强烈愤怒。韩世忠当面质问秦桧，秦桧支支吾吾说谋反的事"莫须有（也许有）"。韩世忠当场驳斥："莫须有，何以服天下？"岳飞就在"莫须有"的罪名下，含冤而死。

岳飞遇害后，临安义士隗顺负尸越城，草草将其埋葬于九曲丛祠旁。隗顺为了便于以后寻找，将岳飞随身佩带的玉环系于遗体腰下，坟前种植了两棵橘树。岳飞死后二十年，即绍兴三十二年（1162年），宋孝宗继位，下令给岳飞平反昭雪，并以五百贯的高价购求岳飞遗体，以礼厚葬。

清道光年间，因重修栖霞岭下岳飞庙墓，追寻岳飞初葬地，终于在杭州市众安桥螺丝山下扁担弄内的红纸染坊旁，找到了最初的岳坟。光绪年间，人们在这里修建"忠显庙"，当地人俗称为"老岳庙"。

岳飞虽然被杀害了，但他抗金报国的功绩是不可磨灭的。岳飞坚持崇高的气节，在处境危难的条件下，坚持抗金的斗争，联合抗金军民一起，保住了南宋的半壁河山，使南宋人民免遭金军的蹂躏。岳飞不愧是我国历史上一位杰出的抗金英雄。

于谦要留清白在人间

于谦，祖籍河南，出生于浙江钱塘。于谦的高祖于夔，任元朝河南江北行中书省参知政事，追封河南郡公；曾祖于九思，官至杭州路总管；祖父于文，任明朝兵部主事。于谦幼年时十分勤学，读书能过目不忘。于谦七岁的时候，一个和尚给他看面相，惊奇地说："他是将来救世的将军呀！"

在少年时期，于谦的志向就不同于常人，他经常以"耿介刚直""自拔于俗流"来激励自己。于谦仰慕苏武、文天祥等民族英雄，曾称赞文天祥说："殉国忘身，舍生取义，气吞寰宇，诚感天地。"他还在书房里挂着文天祥的画像，立志为国家兴亡赴汤蹈火。此时，于谦还写下了传世之作《石灰吟》："千锤万凿出深山，烈火焚烧若等闲。粉骨碎身浑不怕，要留清白在人间。"这首诗可以看作是他激昂一生的真实写照。

相传，于谦十岁那年的春节，父亲派他到江于亲戚家拜年。于谦身穿一件圆领大红袍，骑着一匹白马，高高兴兴地从凝海巷直向新宫桥奔去。一路上，他看到家家张灯结彩，庆贺新春，好不快活。此时，正巧新任浙江的张巡抚到新宫桥游春，他乘坐着八人大轿，前呼后拥而来。于谦忙着左顾右盼，当他的马从小巷里冲出时，因为躲避不及，径直冲入巡抚的仪仗队中。仪仗队顿时大乱，衙役上前去拦截，轿夫也慌忙把轿子放下。

张巡抚见轿子停了下来，连忙掀开轿帘察看，发现游春队伍大乱，一个小孩子正端坐在马上站在队伍中，衙役正凶狠地揪住他的马，要将他治罪。张巡抚连忙制止手下，自己下轿走到小孩跟前，问道："小孩，你怎敢冲撞我的仪仗？"于谦端坐马上，神色自若，毫不惊慌，随口回答："大人，良骥奔于千里，正展望前程，一时难以收住！"张巡抚见他出语不凡，心中已有几分赞许，于是又问："听你说话，看你容貌，也是个读书的人。"

于谦谦逊地回答："我是读过书，不过才读得几行！"张巡抚想试探下他的才学，故意为难他说："读书人不知礼仪，故意闯本大人的仪仗，应该处罚。不过念你年幼，我出一对子给你，你如果对上来，重重有赏；如果对不上来，我就要罚你。"于谦双手一拱，说："请大人出题。"张巡抚见于谦身着红色衣袍，便出了上联："红衣儿骑马过桥。"于谦不假思索地对出下联："赤帝子斩蛇当道。"张巡抚听了大喜，觉得这个小孩才思敏捷、对答如流，心里十分满意，便邀请于谦到凤凰台一起游玩。

两人来到凤凰台，张巡抚拉着于谦的手，又出了一个上联："今朝同登凤凰台。"于谦很快就对出了下联："他年独占麒麟阁。"张巡抚大笑着说："好！好！人小志高，将来一定会有出息。"他问左右："这是谁家的孩子？"有人回答："这就是太平理于主事的孙子于谦，是杭州有名的神童！"张巡抚听了后，就更加喜爱于谦了。他叫仆人取出十两银子作为他读书之资，同时推荐于谦到浙江提学道那里应试，录取入学。于是，于谦成了杭州有名的"童子秀才"。

永乐十九年（1421年），于谦考中了进士。这个时候，汉王朱高煦发动叛乱，于谦随明宣宗亲征。因为他胆识过人，在这次出征中初露头角，获得了皇帝的赏识。四年之后，明朝设立"巡抚"一职，作为最高地方行政长官，于谦首批中选。此后，于谦担任河南、山西等地巡抚长达十九年。

于谦每到一个地方为官，都要轻装骑马在所管辖的地区走访，访问百姓，考察当时各项应该兴办或者革新的事，并立即向朝廷汇报。正统六年（1441年），于谦上书请求用河南、山西储存的大量谷物建立官仓，朝廷同意了。于是，于谦在每年三月青黄不接的时候，令各府州县上报缺粮的农户，把谷物分发给他们，等到秋收后，再让他们还给官府。于谦还特别照顾那些年老多病和贫穷无力的人，他们借粮则免予偿还。此举使得无数百姓得以活命。百姓们也给予他很高的评价。

于谦虽然深得百姓爱戴，但他刚直的个性为官场上的许多人所不容。明英宗没有作为，遇事毫无主见，他即位之后，明朝的政治环境渐趋黑暗，朝臣之间分成两派，彼此争斗不已。明英宗每日忙于行乐，后来干脆将朝政全都委于宦官王振，致使其擅权专政，贪污纳贿，无所不为。

此后，王振不仅操纵了皇帝，还控制了不少朝臣。他还勾结朝中奸臣，扶植了不少党羽，其爪牙遍布各地。王振权势熏天，大臣只要得罪了他，必遭毒手。他的爪牙还四处欺压百姓，使民怨沸腾。朝中不少见风使舵的大臣，对王振逢迎谄媚，甚至称他为"翁父"。有圆滑无耻的大臣，就有耿介刚直的臣子。于谦便是一个刚直的人。他进京奏事时，不带任何礼品，不像其他官员那样带上很多金银珠宝或者土产赠送给朝中权贵。有人劝于谦不妨随俗，也带上点土产。于谦却笑着说："我带有清风！"他为了讽刺那些阿谀权贵的人，还写了一首《入京诗》："绢帕蘑菇与线香，本资民用反为殃。清风两袖朝天去，免得闾阎话短长。"

把持朝政的王振等人对于谦"独不持土物贿当路"的做法很不满。正统十一年（1446年），于谦到京师奏事，荐举参政王来、孙原贞代替他当巡抚。王振抓住这个机会，唆使他的爪牙通政使李锡弹劾于谦，称他是"因长期不升官心怀怨恨，随意荐举私人自代，不合大臣的体统"。明英宗不明所以，任由王振胡来，于谦很快就被关进监狱，交由三法司刑讯。于谦在狱中受尽折磨，但是始终不屈服。王振指使人网罗他的罪名，判于谦死刑。于谦当时已经积累了很高的声望，山西、河南的百姓听到他被诬陷下狱的消息，纷纷到京师上书，请求朝廷释放于谦。明英宗虽然昏庸，但是也不是完全不问世事。他见于谦深得民心，也知道他平日为官清廉刚直，便指使王振重审于谦。王振虽然专横，但是也知道群情愤激、众怒难犯的道理，最后只让于谦坐了三个月牢，然后把他释放了，还把他降官为大理寺少卿。王振此举并没有打消民怨，山西、河南一万多百姓集合在一起，伏阙上书，请求命于谦再巡抚河南、山西。同时，皇族在河南、山西的藩王周王、晋王也向朝廷请求让于谦做河南、山西巡抚。最后，朝廷只得让于谦官复原职。

于谦坚持自己的原则，决不屈从于流俗，哪怕因此丢掉官职甚至是性命。单从这一点就可以看出于谦刚正不阿的个性和他宁折不弯的气节。

在明王朝遭遇生死存亡的危急关头，于谦挺身而出拯救危局，再次显示了他的个性魅力。

正统十三年（1448年），于谦调任兵部左侍郎。第二年秋天，蒙古瓦剌部落首领也先发兵南侵，锋芒直指北京城。王振不懂用兵，也提不出妥善的对策，但是他企图侥幸取胜，背地里怂恿明英宗御驾亲征。明英宗对王振言听计从，立刻就答应了。皇帝御驾亲征的消息传出来后，朝野震惊。兵部尚书邝埜和于谦极力劝谏，皇帝不听。最后邝埜跟随皇帝出征，于谦主持兵部事物。结果，八月十五日那天，当明军行进到土木堡一带（今河北怀来），瓦剌铁骑四面袭来，明朝的五十万兵马全军覆没，明英宗做了俘虏，王振死在乱军之中。这就是历史上著名的"土木堡之变"。

面对明朝立朝八十多年以来的空前危机，群臣不知所措。监国的郕王命令群臣讨论作战和防守的方略，贪生怕死的徐有贞等人趁机提议迁都。于谦挺身而出，厉声怒叱："主张南迁的，该杀。京师是天下的根本，一动摇国家大计就全完了，难道没有看见宋朝南渡的情况吗？"经过这番争论，坚守北京的决策才最终确定下来。

当时，京师最有战斗力的部队、精锐的骑兵都已在土木堡失陷，剩下老弱病残士卒不到十万，人人震惊惶恐，朝廷上下都没有坚定的信心。于谦请求调南北两京、河南的备操军，山东和南京沿海的备倭军，江北和北京所属各府的运粮军，开赴京师，听从部署，人心才稍为安定。很快，于谦被升为兵部尚书。由于太子年幼，国不可一日无君，大臣们很为国家的前途担忧，众人商议之下，请皇太后立郕王为皇帝，郕王不敢接受。于谦见此情景大声地说："我们完全是为国家考虑，不是为个人打算！"于是，同年九月，郕王即帝位称为景帝。

十月，也先挟持明英宗直捣北京。瓦剌军来到北京城下后，把明英宗押到城外的高地上，要守城的官兵开城摆队相迎。景帝和群臣都很为难，知道这是圈套，只要一开城门，瓦剌军就会蜂拥而入，北京城失陷不说，城内的百姓也要任人宰割了。但是，如果不开城门，难道就置"太上皇"明英宗的生死于不顾吗？众人犹豫不决时，于谦毅然地站了出来。他说："现在是守城的关键时刻，稍一动摇，就会军心大乱。我们应该坚决地拒绝瓦剌的无礼要求，告诉他们朝廷已经选立新君，一切军国大事都由新君定夺，他们手中的人质已经被尊为太上皇，不再是皇帝了，我们决不接受他们的任何威胁。"很多人听了于谦的话，担心这样会伤害到太上皇。于谦却厉声斥责："你们太迂腐了！现在是国家存亡的关键时刻，是社稷重要还是太上皇重要？"

此时，城下的明英宗知道这场灾祸都是自己一意孤行引起的，于是高声大喊千万不要开门。城里的人听明英宗这么一喊，都坚定了信心。大将石亨提出收兵固守使敌兵劳累衰竭的建议，于谦不同意，说："为什么向敌人示弱，使敌人更加轻视我军呢？"他马上调遣诸将带领兵士在九座城门外摆开阵势：都指挥李端正阳门，都督刘得新崇文门，都指挥汤芦宣城门，都督陶瑾在安定门，广宁伯刘安东直门，武进伯朱瑛朝阳门，都督刘聚西直门，镇远侯顾兴祖阜成门，于谦和石亨率领副总兵范广、武兴在德胜门外列阵，抵挡也先。于谦见阵势摆好后，还下令：临阵将领退却的，斩将领；军士退却的，后队斩前队。于是，将士知道必定要死战，都服从命令。副总兵高礼、毛福寿在彰义门北面抵挡敌人，俘虏了也先军的一个头目。将士们深受鼓舞，都决心拼死作战。

当初，也先率军深入，以为很快就能攻下明朝的京城，但是现在见到明朝官军严阵以待，便有些丧气。叛变了的宦官喜宁给也先出主意，让他邀明朝大臣迎接英宗，索要无数黄金和丝织品；又邀于谦及王直、胡濙等出城谈判。景帝不准许，也先受挫，更加沮丧。于谦令石亨在空屋里设下埋伏，派几个骑兵引诱敌人。敌人上当，派出一万骑兵逼近，副总兵范广发射火药武器，伏兵一齐杀出，也先的弟弟被炮打死。

随后，也先部队转移到西直门，都督孙镗奋力抵御，石亨分出部分兵力援助，敌寇撤退。都督王敬和副总兵武兴在彰义门攻打敌军，一起挫败了也先的前锋。敌军正要退却，几百个宦官想争功，骑着马争着向前。阵脚乱了，武兴被乱发的箭射死。寇兵赶到土城，居民爬上屋顶投掷砖石，喊叫声震天。王竑和福寿的援兵赶到，敌军被迫撤退。

也先连续受挫后，就打算以送还明英宗为条件，约于谦等出城议和。于谦看清了也先议和的图谋，不加理睬。也先见邀请没人理，作战又失利，知道无法达到目的，又听说各地勤王的部队马上要到了，怕截断了自己的归路，于是拥着明英宗由良乡向西去。于谦调各将领追击，一直追杀到居庸关才回来。京师保卫战后，朝廷评功，加封于谦少保、总督军务。

景泰元年（1450年）正月开始，也先不断进攻宁夏、大同等地，都未取胜，于是提出议和，扬言要送回明英宗。也先的这一举动，在明朝大臣中引起了争论，许多人主张应趁机讲和。当时，只有于谦力排众议，认为"社稷为重，君为轻"，指出也先没有诚意讲和，和谈只会助长对方气焰。从此，无人敢再谈议和，军队的士气为之大振。此时于谦没有因为瓦剌手里有英宗而放弃抵抗，而是另立新君，誓死保卫国家。

也先看到明朝边防日渐稳固，他手中的英宗不仅不再奇货可居，实际上已变成累赘，所以决意送回明英宗。大臣王直等商议派使者前往迎接。景帝不高兴地说："朕本来不想登大位，当时是被推上来的。"于谦从容地说："帝位已经定了，不会再有更改，从情理上应该赶快把太上皇接回来。万一也先真有什么阴谋，那就另当别论。"皇帝看了看他，便改变了主意，说："听你的，按你说的办。"朝廷先后派遣李实、杨善前往，把明英宗接了回来。随后，明朝与瓦剌的关系又一次"化干戈为玉帛"。

明英宗回来之后，于谦却一点也不说自己的功劳。景帝曾命令凡是兼东宫太子宫属者可以领取两份俸禄。只有于谦一再推辞。于谦的生活很简单俭朴。皇帝赐给他西华门的府第，他认为居住的房子能够遮挡风雨就可以了，推辞说："国家多难，臣子怎么敢自己安居？"他坚决推辞，皇帝却不准。于是，他把皇帝之前所赏赐的玺书、袍服、银锭之类，全部封好写上说明放到那里，每年去看一看罢了。

皇帝很信任于谦，他奏请的事都会听从。皇帝曾经派人到真定、河间采择野菜，到直沽做鱼干。于谦建议不要这样做，皇帝马上就照办了。皇帝要任用一个人，一定悄悄询问于谦。于谦总是实事求是地回答，没有隐瞒，也不避嫌疑怨恨。因此，导致那些不称职的官员都怨恨他，那些不被皇帝信用的都忌妒他。敌军刚刚撤退后，都御史罗通上奏章弹劾于谦，说他登记的功劳簿不实；御史顾曜弹劾于谦太专权，干预六部的大事，好像他就是内阁。于谦上奏章反驳了他们，户部尚书金濂亦上书为他争辩，但还是有很多官员不断收集材料弹劾他。很多御史用苛责的文辞上奏弹劾，景泰帝力排众议，依然任用他。

于谦的性格刚强，遇到有不痛快的事，总是拍着胸脯说："这一腔热血，不知洒在哪里！"他看不起那些无能的皇亲国戚、大臣、勋臣，这些人也很憎恨他。徐珵因为提出迁都南京，受到于谦斥责，他把名字改为有贞后才得到升迁，他经常咬牙切齿地骂于谦。因为于谦始终不赞成讲和，明英宗回来后也不满意于谦。都督张辄因为征苗时不守律令，被于谦弹劾，和内侍曹吉祥等都非常恨于谦。

景泰八年（1457年）正月初，景帝因重病卧床不起。在石亨和曹吉祥、徐有贞等人的策划下，明英宗重新登上皇帝的宝座，这就是历史上的"夺门之变"。随后，他们便传旨将于谦和大学士王文下狱，诬陷于谦制造不轨言论，要另立太子，又和太监王诚、舒良、张永、王勤等策划册立襄王的儿子。石亨等人拿定这个说法，就唆使科道御史弹劾。由都御史萧维祯审判，最后认定他们谋反，将他们判处死刑。王文不能忍受这种诬陷，想争辩。于谦笑着对他说："这都是石亨他们的意思，你分辩有什么用？"

明英宗对于处死于谦还有些犹豫，他对大臣说："于谦是有功劳的。"徐有贞进言说："不杀于谦，复辟这件事就成了出师无名。"于是，明英宗才拿定了主意，将于谦在闹市处死，并抄了他的家。抄家的人发现于谦家里没有半点资财，唯一的奢侈品就是满满的书籍。于谦的家人被充军边疆。还有大臣说于谦的罪应该灭九族，于谦推荐的文武大臣都应该处死。但是，刑部坚持原判，这才避免殃及无辜。

京城百姓听到于谦被杀的消息，无不失声痛哭，切齿痛骂奸佞小人。都督同知陈逵被于谦的忠义感动，收殓了他的尸体。到了明宪宗时，迫于民愤，朝廷终于还于谦以清白，冤案终得昭雪。万历中，朝廷又赠予谦谥号为忠肃。于谦用他的生命实践了他的誓言，"但愿苍生俱饱暖，不辞辛苦出山林""粉骨碎身浑不怕，要留清白在人间"。

谭嗣同横刀向天笑

"戊戌六君子"之一的谭嗣同就义前，在狱中的墙壁上题写了一首绝命诗："望门投止思张俭，忍死须臾待杜根。我自横刀向天笑，去留肝胆两昆仑。"

随后，谭嗣同与其他五位志士在北京宣武门外菜市口被杀害。他们被杀时，刑场上有上万人观看。谭嗣同神色不变，大声喊："有心杀贼，无力回天，死得其所，快哉！快哉！"他的诗和话充分表现了一位爱国志士舍身报国的英雄气概。

谭嗣同，字复生，号壮飞，湖南浏阳人。清末巡抚谭继洵之子，善文章。谭嗣同少年时，博览群书，好任侠，长于剑术。后来，他成为新疆巡抚刘锦堂的幕僚，曾往来于直隶、新疆、甘肃、陕西、河南、湖北、湖南等地，察视风土，结交名士。

光绪二十年（1894年），中日甲午战争爆发。清政府战败后，签订了丧权辱国的《马关条约》。次年五月二日，康有为联合在京参加会试的一千多名举人上书清政府，要求拒和、变法。谭嗣同对清政府求和的行径极为愤慨，他坚决反对签订和约。在当时变法思潮的影响下，他开始苦心思考挽救民族危亡的根本大计，并且感到必须对腐朽的封建专制制度实行改革。

光绪二十四年（1898年）初，谭嗣同接受了倾向维新的湖南巡抚陈宝箴的邀请，协助他举办新政。此后，他又与唐才常等人创建了维新团体南学会，以此来联合南方各省维新力量，宣讲爱国之理和救亡之法。谭嗣同为了加强变法理论的宣传，还创办了《湘报》。由于谭嗣同对湖南新政的贡献，使他以"新政人才"而闻名。六月十一日，光绪帝颁布《定国是诏》，决定变法，不久，就有人向光绪帝推荐谭嗣同，他被光绪帝征召入京。八月二十一日，谭嗣同抵达北京。九月五日，光绪帝下诏授给他和林旭、刘光第、杨锐四品卿衔，参与新政。次日，光绪帝又召见他，表示自己是愿意变法的，只是太后和守旧大臣阻挠而无可奈何，并说："汝等所欲变者，俱可随意奏来，我必依从。即我有过失，汝等当面责我，我必速改。"光绪帝变法的决心和对维新派的信赖使谭嗣同非常感动，觉得实现抱负的机会来了。

但是，当时皇上手中没有一点权柄，没有什么办法。当时的将领中，只有袁世凯因长期出使朝鲜，研究过中国和外国强弱不同的原因，极力主张变法。谭嗣同就秘密上奏，请皇上拿优厚的待遇联络他，希望危急时刻能救助皇上。随后，皇上召见袁世凯，特别赏赐侍郎的官衔。第二天，皇上又召见袁世凯。第三天晚上，谭嗣同直接到袁世凯所居住的法华寺，问袁世凯："您认为皇上是怎样一个人？"袁世凯说："是一代少有的贤明君主。"谭嗣同说："天津阅兵的阴谋，您知道吗？"袁世凯说："是的，确实听到过一些传闻。"谭嗣同于是直接拿出密诏给他看，说："现在可以救助我们圣主的，只有你了，你如果想救就救救他！"又用手摸着自己的脖子说，"如果不想救，就请你到颐和园告发我，并杀了我，你可以凭借这得到富贵了。"袁世凯声色俱厉地说："你把我袁某当成什么人了？圣主是我们共同事奉的君主，我和你同样受到非同一般的恩遇，救护的责任不仅在你。有什么指教，我自然愿意听从。"谭嗣同说："荣禄的阴谋，全在于天津阅兵的举动。到时你和董福祥、聂士成三支军队，受荣禄的指挥调遣，用兵力挟持皇上逼他退位。虽然这样，董福祥、聂士成不值得一提，天下的英雄豪杰只有你。如果事变发生，你用一支军队抵挡他们两支军队，保护皇上，恢复大权，肃清君主周围的坏人，整肃宫廷里的秩序，这是当世无比的事业啊！"袁世凯说："如果皇上在阅兵时快速驰入我的军营，传下号令来诛灭奸贼，那么我一定能紧随你们之后，竭尽一切力量来拯救皇上。"谭嗣同说："荣禄待你一向优厚，你用什么对付他？"袁世凯笑着不说话。袁世凯幕府里一个人说："荣贼并不是推心置腹地对待慰帅。过去有人要增加慰帅的兵力，荣贼说：'汉人不可给他大兵权。'他不过是笼络慰帅罢了。就像前年胡景桂弹劾慰帅一事，胡景桂是荣贼的亲信，荣贼指使他弹劾慰帅，然后自己来查办为慰帅洗清冤情，以此来显示对慰帅的恩德。不久，胡景桂就委任宁夏知府，随即升为宁夏道。这是荣贼极其阴险奸诈的地方，慰帅怎么可能不知道他！"谭嗣同于是说："荣禄本是曹操、王莽似的人物。当代少有的奸雄，对付他恐怕不容易。"袁世凯怒目而视说："如皇上在我的军营，那么杀荣禄就像杀一条狗罢了。"

于是，谭嗣同和袁世凯详细地研究了营救皇上的方案。袁世凯说："现在军营中的枪弹火药都在荣禄的手里，而营、哨各官员，也多属于旧党人员。事情非常紧急，既然已经确定计划，那么我必须急速回营，另选将官，并设法贮备弹药才行。"谭嗣同再三嘱咐后，就离开了。袁世凯表面上答应了，事后却赶回天津，向荣禄告密。后荣禄又密报慈禧太后。

光绪二十四年九月二十一日，慈禧太后发动政变，她先囚禁了光绪皇帝，然后开始大肆搜捕和屠杀维新派人物。谭嗣同当时拒绝了别人请他逃走的劝告，决心一死，表示愿以身殉法来唤醒和警策国人，他说：

"各国变法，无不从流血而成，今中国未闻有因变法而流血者，此国之所以不昌也。有之，请自嗣同始。"

政变发生时，谭嗣同正与梁启超在筹划救助光绪的办法，很快他们就听到了搜查康有为住处、逮捕康有为的消息，之后又听到了慈禧垂帘听政的诏书。谭嗣同从容地对梁启超说："以前想救皇上，无法可救，现在想救康先生，也无法可救。我已经没有事可做，只有等待死期了！虽然这样，天下事情知道它不可能却要做它。您试着进入日本大使馆，拜见伊藤先生，请他发电报给上海领事来救护康先生吧。"

谭嗣同也不躲避，专门等待逮捕他的人。结果逮捕他的人没有来。第二天，谭嗣同进入日本使馆，和梁启超见面。他劝梁启超去日本，并且携带了自己所著的书和诗文稿本数册，一起托付给梁启超。他对梁启超说："没有出走的人，就没有办法谋取将来的事；没有牺牲的人，就没有办法报答贤明君主。现在康先生的生死不能预料，程婴、杵臼、月照、西乡，就让我和您分别充当他们吧！"两人拥抱后就分别了。

此后三天，谭嗣同和一些义士商议救皇上，但是事情没有成功。九月二十四日，谭嗣同被捕了。被捕的前一天，有几位日本志士苦苦劝他去日本，他不听。

其实，在戊戌变法过程中，谭嗣同至少有三次机会可以从菜市口边缘全身而退。

第一次机会来自他的父亲。光绪二十四年九月五日，光绪帝授谭嗣同四品"军机章京"，当时其父谭继洵已升任湖北巡抚。对于谭嗣同的处境，谭继洵自然洞若观火，他曾三次去信对谭嗣同晓以利害，命其退出变法，以避"杀身灭族"之祸。对父亲的规劝，谭嗣同毫不妥协。

第二次机会来自梁启超。袁世凯告密后，慈禧下令逮捕维新派人士。大势已去，梁启超劝谭嗣同一起出走日本。谭嗣同执意不肯，他对梁启超说："不有行者，无以图将来；不有死者，无以酬圣主。"

第三次机会来自日本使馆。梁启超躲进日本使馆之后，日本使馆方面表示可以为谭嗣同提供保护，谭嗣同拒绝了。

光绪二十四年九月二十八日，谭嗣同在菜市口就义，时年三十三岁。同时遇害的还有林旭、杨深秀、刘光第、杨锐、康广仁，六人史称"戊戌六君子"。谭嗣同为什么会选择就义？这与他平素喜欢结交豪侠，血性义气有一定的关系。谭嗣同主动选择了成仁取义的时机和方式，认为只有这种光明正大、悲壮的死才能警醒国人。虽然其狱中绝笔有"伤心君父""保全我圣上"等语，但是他也多次说过"只有死事的道理，绝无死君的道理"，所以他的就义不是因愚忠而"死君"，而是为救国救民的革新事业而死。

谭嗣同选择就义也与他独特的生死观有关。在当时的形势下，他认为只有在两种情况下去死才是死得其所：死于和外国侵略者作战或中国的革新事业。谭嗣同议论刘永福时说："刘永福仍困守台南，然决不能久持……但愿其能一死，死固无益，因军兴以来，统领死者止左、戴二人，或得以此遮羞耳。"他鉴于在鸦片战争中清朝高级军官有多人战死，而在此后的战争中，清军依然惨败，但是战死的高级军官却很少，所以有"文官三只手（指贪污），武官四只脚（指临阵逃跑）"之谑。因此，谭嗣同认为战死可以为国遮羞。对于为革新而死，他曾在遭受守旧士绅的攻击时表示："宗旨所在，亦无不可以揭示人者……平时互相劝勉者，全在'杀身灭族'四字，岂临小小利害，而变起初心乎……今日中国能闹到新旧两党流血遍地，方有复兴之望。不然，真亡种矣。"正是因为谭嗣同有这样的思想和性格，所以戊戌政变之后，他拒绝逃走，选择就义。

第四章　怡情篇

蔡邕妙识音律

东汉时期的蔡邕，是历史上著名的音乐家和文学家。在音乐方面，他很有成就，创作了许多著名的乐曲，写过《琴操》一书。

蔡邕非常孝顺他的母亲，母亲卧病三年，他一年四季都没有解过衣带，有时候连续很多天都不睡觉。母亲去世后，蔡邕就在她的墓旁盖了一间房子，住下守孝。他的一举一动都遵守礼制。一只兔子很驯顺地在他的住宅旁边跳跃，又有树木生了连理枝，很多人都来观看。蔡邕与叔父、叔伯兄弟一起居住，三代没有分家，乡里的人都称赞他品行好。

蔡邕也曾做过官，但是因为他太正直，办事公正，遭到一些人的谗言诬害，被充军流放。过了很久，蔡邕才被朝廷赦免。被赦免后，他带着一家老小在外奔波流亡，躲避有权势的恶人们的迫害。汉献帝即位后，蔡邕回到故乡陈留，受到了亲朋好友的盛情接待。他们为蔡邕设宴接风，重叙旧情，有的请蔡邕到家中促膝叙谈家常和国事，有的则登门拜望。乡亲们听说蔡邕回来了，都很高兴，因为蔡邕为老百姓做过好事，威信很高。蔡邕被乡亲们的举动所感动，久久积压心中的愁怨也慢慢解开了。

多年的好朋友林仁听说蔡邕回乡了，特意准备了一桌酒席，请蔡邕来家里吃酒。老朋友邀请，蔡邕不好拒绝，只好应约。他兴致勃勃地来到林仁家，走到大门外时，突然停住了脚步。原来屋里正在弹琴，琴声吸引了蔡邕，他就站在门外倾听。起初，琴声悠扬优美，过了一会儿，琴声变得沉重、浑浊，有一种压迫感。蔡邕感觉这琴声里隐隐约约地透露出一股杀气。多年的亡命生涯，使他特别的敏感，对任何一种细微不祥之兆，都会非常警惕。蔡邕心想："林仁多年未见我，今天请我赴宴，为什么琴声里隐藏着杀机？莫非朋友变了，心怀鬼胎，也与邪恶势力同流合污、狼狈为奸了？他今日请我赴宴，是不是要伺机谋害我……"想着想着，他感到后怕。蔡邕再一听琴声，杀气越来越重，莫非他们立即要下毒手？于是，蔡邕转身就走。

蔡邕刚转身走了几步，却见另一位应邀赴宴的客人迎面走来。那位客人看见蔡邕神色异样，却不进去，不知出了什么事，连忙拦住蔡邕问道："蔡兄怎么到了门口不进去呢？你要到哪里去？"蔡邕因为太紧张，什么也没有听见，仍然急匆匆地走了。林仁得知蔡邕到了门口，未进大门就转身回去了，感到莫名其妙。今日设宴是专诚款待老朋友蔡邕，他为什么不领情呢？林仁认为是自己没有好好接待客人，有失礼的举动，伤了老朋友的心，老朋友才生气离去了。

林仁心里非常不安，连忙赶到蔡邕家请他赴宴，并且再三向他道歉。林仁说自己忙于张罗酒席，有失远迎，请老朋友不要介意，今日一定要到家里去坐坐，吃几杯酒，家里还有其他客人正在等候。林仁说了很多好话，总算又把蔡邕请到了宴席上。客人们都热情洋溢地相互举杯祝福，个个开怀畅饮，唯有坐在首席的蔡邕一脸心事，左顾右盼。林仁见蔡邕心不在焉，再也忍耐不住了，非常坦率地对蔡邕说："蔡兄，你我是多年的好友，虽然许久不见，情谊却仍然如同当初，亲似手足。不知为什么你今日心事重重，有什么不快的事情，能不能对小弟讲讲，小弟也好为你分担忧愁。如果是小弟有失礼怠慢的地方，只管讲出来，千万不必介意。"很多客人也帮着主人说话，争先恐后地请蔡邕不要计较主人的过失，也许有什么误会，有什么难言的心事，希望他能好好和大家说说。

蔡邕听了好友的一席肺腑之言，才觉得自己是多虑了，刚才也许是自己产生了一种错觉，老朋友这里并没有什么异常的情况，更不会害他。好友态度很诚恳，客人更是有话直说，没有把自己当作外人。蔡邕举起酒杯，一口喝了下去，直截了当地讲了刚才在门口听到琴声里带有"杀气"而产生的疑虑。蔡邕的话音刚落，客人都善意地笑起来了。林仁十分坦然，毋庸置疑，哪里会有杀人之意呢？客人更了解林仁，这完全是一场误会。从这场误会里，林仁更加了解蔡邕了，久别的老朋友经受了许多的折磨，身心受到了伤害，如惊弓之鸟。最后，刚才弹琴的客人为他解开了疑团。那位弹琴的客人认为这不能怪蔡邕多心，要怪就怪他弹琴时没选一首好曲子。

原来，蔡邕在门外时，客人正在弹琴。他弹着弹着，忽然看到窗外一棵树上来了一只螳螂，它张牙舞爪地爬向一只蝉。螳螂正要扑过去时，蝉却要飞走。弹琴的人担心螳螂扑不住蝉，手上情不自禁地为螳螂助威。就在这时，琴声里充满了"杀气"。而这种"杀气"正好被蔡邕听出了。

蔡邕听了弹琴的客人所说，才知道这是一场误会，还好误会最后解除了。蔡邕急忙向林仁赔礼道歉，认为自己太失礼了。误会解除后，宴会上的气氛更热闹了，大家都争着向蔡邕敬酒。在这场误会中，大家也知道了蔡邕有听琴的本领，欣赏琴乐的能力，一个个惊叹不已，佩服之至。蔡邕妙识音律的故事于是传开了。

有欣赏能力的人可以理解音乐的内在含义和声外之音，这种欣赏能力是非常高的，需要有深厚的音律素养。蔡邕就是精通音律的音乐家。他爱好音乐，更是精通音律古典，在弹奏中有一点小小的差错，也逃不过他的耳朵。蔡邕最擅长弹琴，对古琴很有研究，关于琴的选材、制作、调音，他有一套精辟独到的见解。蔡邕从京城出逃的时候，没有带什么财物，却带了一把心爱的古琴，并且日日细加呵护。蔡邕在隐居的那些日子里，常常抚琴，借用琴声来抒发自己壮志难酬的悲愤。

一天，蔡邕坐在房里抚琴，有人在隔壁的灶间烧火做饭，木柴烧着了之后，火星乱蹦，还"噼里啪啦"地响。蔡邕忽然听到隔壁传来一阵清脆的爆裂声，不由得心中一惊。他又细细听了一会儿，声音还在，于是大叫一声"不好"，跳起来就往灶间跑。蔡邕来到灶前，顾不得火势逼人，伸手就将在燃烧的桐木拽了出来，大声喊："别烧了，别烧了，这是一块做琴的好材料啊！"蔡邕的手被烧伤了，他也不觉得疼，只是目不转睛地看着那块桐木。因为蔡邕抢救及时，桐木还很完整。后来，他精雕细刻，费尽心血，终于将这块桐木做成了一把琴。这把琴弹奏起来，音色美妙绝伦，后来还成了世间罕有的珍宝。因为它的琴尾被烧焦了，人们叫它"焦尾琴"。

后来，因时任司空的董卓很看重蔡邕的才华，于是朝廷就任命他为左中郎将，此后他还被封为高阳乡侯。一次，董卓的部下想让朝廷尊称董卓为尚父。董卓问蔡邕的意见，蔡邕说暂时还是不适合称尚父，等到关东平定，再讨论此事。董卓听了他的话，没有称尚父。董卓对蔡邕非常客气，一举行宴会，就让他鼓琴助兴，蔡邕也每每演奏。初平三年（192年），董卓被诛杀。一次，蔡邕到司徒王允家做客，不知不觉说起董卓，并不断为之叹息。王允勃然大怒，呵斥蔡邕说："董卓是国家的大奸贼，差点倾覆了汉室。你作为汉臣，应该一同愤恨，但你却想着自己受到的礼遇，忘记了操守！现在董卓死了，你却为他感到伤痛，你就是和他一道的逆贼！"王允命人将蔡邕收押交给廷尉治罪。蔡邕请求受截断双脚的刑罚，只求活命继续完成汉史。

太尉马日磾向王允求情，以便蔡邕完成汉史。王允却拒绝了，他说："过去汉武帝不杀司马迁，让他写出毁谤的书，流传于后世。现今国家中途衰落，政权不稳固，不能让奸邪谄媚的臣子在幼主旁边写文章。这既不能增益圣上的仁德，又令我们蒙受毁谤议论。"后来，蔡邕死在了监狱里，群臣和士人没有不为他哭泣的。

在文学方面，蔡邕善辞赋，其传世的《述行赋》揭露当时统治者的奢侈腐败，对人民的疾苦有所反映。其诗作《饮马长城窟行》则表达了女主人公独自生活的悲苦和对丈夫的思念之情，诗中写道："青青河畔草，绵绵思远道。远道不可思，宿昔梦见之。梦见在我傍，忽觉在他乡。他乡各异县，辗转不相见。枯桑知天风，海水知天寒。入门各自媚，谁肯相为言？客从远方来，遗我双鲤鱼。呼儿烹鲤鱼，中有尺素书。长跪读素书，书中竟何如？上言加餐食，下言长相忆。"

在散文方面，蔡邕长于碑记，工整黄雅，多用排偶，旧时颇受推崇。在书法方面，工篆书、隶书，尤以隶书著称，其字结构严整，点画俯仰，体法多变，有"骨气洞达，爽爽如有神力"之评。

在儒家经学方面，蔡邕是中国第一部石经——"熹平石经"的倡议者和书写者。当时，经学"诸博士试甲乙科，争第高下，更相告言，至有行贿定兰台漆书经字，以合其私文者"。熹平四年（175年），蔡邕等上书汉灵帝"以经籍去圣久远，文字多谬，俗儒穿凿，疑误后学"。于是汉灵帝诏蔡邕等正五经。蔡邕等选定五经版本，由蔡邕亲自以隶体字书于石碑上，使工匠镌刻，然后将石碑立于太学讲堂东侧。史载，石经竖立于太学门外，轰动一时。"及碑始立，其观视及摹写者，车乘日千余两，填塞街陌"。

王羲之东床袒腹，以书换鹅

　　王羲之是东晋时期著名的书法家。他出身士族且才华出众，后凭借门荫入仕，历任秘书郎、江州刺史、会稽太守，累迁右军将军，因此人们又称他为"王右军"。

　　王羲之十六岁的时候，成为当朝太傅郗鉴的东床快婿。王羲之的叔叔是当朝的丞相王导，他年轻时就长得俊秀，为人有风度。王导的子侄也个个都很有才能，远近闻名。郗鉴有个女儿，生得聪明美丽，善琴、棋、书、画，刚好到了要出阁的年纪，一心想找个好女婿。她找女婿的条件是：人要有才能，还要有风度，相貌也要好。这可难坏了太傅。后来，太傅听说王丞相家的子弟个个有才能，容貌也俊秀。于是，他特地选派了一个门生，让他在王家子弟中为小姐挑选一个女婿，并且让他拿了自己的亲笔信去见王导。这个门生带着信到了王导家。王导看完信后，一口答应。他说："这是门当户对的好事，太傅尽管派人来挑选。"

　　门生到太傅家后，转告了王导的意思。太傅对门生说："你再去王家一趟。这次你要把王家所有子弟仔仔细细看一看，回来把看到的情况如实告诉我。"这个门生接到任务，再次到王家，说明来意。王导也很高兴，便叫人通知子侄统统到东厢房里等候。王家子弟听说郗太博前来挑选女婿，很认真地打扮了一番，都穿上了漂亮的衣服，然后来到东厢房。王导见所有子弟都来了，便对太傅的门生说："你去挑选吧！"太傅的门生来到东厢房，见王家子弟一个个都很俊美，端端正正地坐在东厢房里。可他往床上一看，还有一个子弟躺在床上，撩起了上衣，袒露着肚腹，好像没有事一样。

太傅的门生回去后，将其在王家相女婿的事详细地告诉了太傅。最后他说道："王导的子弟，个个都不错。他们听说太傅前去挑选女婿，都很郑重、拘谨，就只有一人，袒露着肚腹，往床上一躺，仰面朝天，好像没有事似的。"太傅听了高兴地说："这个人正好可做我的女婿。"这个袒露肚腹的人就是王羲之。郗鉴来到王府，见此人豁达文雅，才貌双全，当场择为快婿。

王羲之确实不把个人的事儿放在心上，而是集中精力于书法创作上。据说，王羲之平时走路的时候，也会用手指在衣服上比画着练字，没多久，连衣服都写破了。王羲之经过勤学苦练，书法达到了很高的水平。当时很多人都把他写的字当宝贝看待。

一次，王羲之到门生家里去。门生很热情地接待他。他坐在一个新的几案旁，看到几案又光滑又干净，于是就来了写字的兴趣，便叫门生拿笔墨来。那个门生高兴得不得了，马上把笔墨拿来给王羲之。王羲之在几案上写了几行字，便回去了。几天后，那个门生有事出门。他的父亲在家里收拾屋子，看到新几案上有墨迹，就用刀给刮干净了。门生回来后，发现几案上的字迹没了，懊恼不已。

还有一次，王羲之去一个村子。一个老婆婆拿着六角形的竹扇在叫卖，这种竹扇很简陋，没有装饰，引不起过路人的兴趣。老婆婆十分着急。王羲之看到这个情形，就上前跟老婆婆说："你这竹扇上没画没字，很难卖出去。我给你题上字，怎么样？"老婆婆不认识王羲之，见他这样热心，也就把竹扇交给他写了。王羲之提起笔在每把扇子上写了五个字，就还给了老婆婆。老婆婆不识字，觉得他写得很潦草，很不高兴。王羲之安慰她说："你只要告诉别人，这个扇子的字是王右军写的就行了。"王羲之离开后，老婆婆就照他的话做了。很多人一看真是王右军的书法，都抢着买。老婆婆的竹扇很快被人买完了。

王羲之在写字之余，还有一个特殊的癖好，那就是养鹅。王羲之养鹅是为了陶冶情操，也是为了从鹅的体态姿势上领悟到书法的一些道理。不管哪里有好鹅，他都有兴趣去看，或者把它买回来玩赏。王羲之离开嘈杂烦闷的京城之后，来到了风景宜人的绍兴居住，因为这里养鹅的人多，他可以经常观察群鹅。王羲之每天都在外面入迷地看鹅，有时竟忘了回家吃饭。一只只鹅，羽毛整洁美丽，体态雍容华贵，有的浮游，有的高歌，有的嬉戏……一天，王羲之惊喜地发现一只大白鹅的羽毛像雪一样白，顶冠像宝石一样红，尤其是叫声分外悦耳动听。他非常喜爱，想把这只鹅买下来。于是，王羲之派人到附近去打听，愿意多出一倍的钱买鹅。

王羲之经过多方打探，终于找到了鹅的主人——一位白发苍苍的老妇人。老人家没有什么亲人，只有这只白鹅做伴。老人家虽然很穷，但是也舍不得卖掉这只鹅。王羲之完全理解老人的心情，表示不买这只鹅了，愿意登门赏鹅。老人家听说是书法家王羲之要到她家，高兴极了，为了招待贵客，就把心爱的白鹅杀了，做了一道美味的菜肴。王羲之迈着匆匆的步伐走进院子来看鹅时，却发现鹅不见了。得知老人家把鹅杀了来招待他，他既惋惜又感动，惋惜这只鹅死了，感动老人家的盛情招待。于是，王羲之找来墨笔，在随手带来的竹扇上写了几个字，递给老人家，说："老人家，我没什么感谢您的，请把这把扇子拿到市上，卖一些钱来贴补生计吧！"

山阴有一个道士，想求王羲之写一卷《道德经》，可是他知道王羲之是不肯轻易替人抄写经书的。后来，他打听到王羲之喜欢白鹅，就特地养了一批很好的鹅。王羲之听说道士家有鹅，就跑去看了。他来到道士的住处附近，看到河里有一群鹅在水面上悠闲地浮游着，一身雪白的羽毛，映衬着高高的红顶，实在是招人喜爱。王羲之很喜欢这些鹅，于是派人去找道士，想让道士把这群鹅卖给他。道士笑着说："既然王右军这样喜爱，用不着破费，我把这群鹅全部送他。但是，我有一个要求，请他给我抄写一卷《道德经》。"王羲之知道了之后，毫不犹豫地给道士抄写了一卷经，那群鹅就被王羲之带回去了。

王羲之之所以能成为名传千古的书法家，不仅是因为他的勤奋，还因为他有个好妻子。王羲之的夫人、老太傅郗鉴的女儿，也是个书法家，她对王羲之的帮助非常大。她的儿子王献之，能成为有名的书法家，这里面也有她的一份功劳。王献之是王羲之的第七个儿子，自幼聪明好学，在书法上专工草书、隶书，他七八岁时就开始跟母亲和父亲学书法。

一次，王羲之看到王献之在聚精会神地练习写字，便悄悄地走到王献之背后，突然伸手去抽他手中的毛笔。王献之握笔很牢，没被抽掉。王羲之很高兴，夸他说："你这个孩子以后肯定会成名。"王献之听后，更加努力练习了。还有一次，王羲之的一位朋友让王献之在扇子上写字，他挥笔便写，突然笔落扇上，把字污了。王献之灵机一动，在扇面上画了一头栩栩如生的小牛。众人对王献之的书法和绘画赞不绝口，他渐渐有了骄傲情绪。

一天，王献之问母亲郗氏："母亲，我再写三年就行了吧？"母亲摇了摇头。他又说："五年总行了吧？"母亲还是摇头。王献之急了，问母亲："母亲说究竟要多长时间？"这时他的身后传来声音："你要记住，写完院里这十八缸水，你的字才会有筋有骨，有血有肉，才算行了。"王献之一回头，原来父亲站在了他的背后。

王献之心中不服，但什么都没说。他艰苦练了五年，把一大堆写好的字给父亲看，希望听到父亲的表扬。王羲之一张张地看，一个劲儿地摇头。后来，王羲之看到一个"大"字，露出了较满意的表情，随手在"大"字下填了一个点，然后把字稿全部退还给王献之。王献之心中不服，又将全部习字抱给母亲看，并说："我又练了五年，并且是完全按照父亲的字样练的。母亲看看，我和父亲的字还有什么不同？"母亲认真地看了三天，最后指着王羲之在"大"字下加的那个点儿，叹了口气说："你练字用了三缸水，唯有这一点像你父亲的字。"王献之听后十分泄气地说："这样下去，我什么时候才能写出好字呢？"母亲见他的娇气已经消尽，就鼓励他说："你只要像这几年一样坚持不懈地练下去，就一定会达到目的的！"果然，王献之用尽了十八缸水后，在书法上突飞猛进，字也到了力透纸背、炉火纯青的程度。他也得到了父亲的夸奖。

现在，许多人练习书法是为了陶冶情操，就像王羲之养鹅一样。因为书法对于王羲之来说，是他的"专业"，根据当代人的普遍经验，一旦一个人把一件事当作专业来做，就很难做得轻松，做得养性怡情。那王羲之是不是这样呢？我们先来看一个故事。

王羲之爱游山玩水。一次，他去杭州探访好友，走到苏州地界时，路过一座石桥。他站在石桥上举目四望，见前边有一个小镇景色美丽，于是他就打算住下来。晚上，他在镇上的酒店沽来一壶清酒，买了几盘小菜，自斟自饮，夜半时分天意渐凉，才带着几分醉意回去了。第二天，王羲之醒来，头上沉重。书童请来了苏州的名医为王羲之诊治。结果，王羲之的病过了整整一个月才好。他出门时身上所带的盘缠也用光了，也不能到杭州看朋友了。这怎么办？王羲之想了想，忽然记起旅馆对面有一个当铺，他记得那个"当"字已经破旧不堪了，他可以写个"当"字去当了。

王羲之写好一个"当"字，叫书童拿去当，并告诉他，要当三十两银子，少一个子儿也不当。书童来到当铺，展开王羲之的字。老板一看，果然是个好字，就问当多少钱。书童说要三十两银子。老板说："好字是好字，只是带着病容，不值，不值。"书童回来把老板的话说给王羲之。王羲之说："那我另写一个。"王羲之又写了一个字，让书童拿去。老板一看，说道："这个'当'字比那个有力多了，只是带着怒气。三十两银子，我要了。"说完，他交给书童三十两银子。

王羲之有了盘缠，继续上路了。他到杭州先去找朋友，朋友设了一桌好酒招待他。陪酒的是朋友的亲戚，开着一个当铺，想求王羲之写个"当"字当招牌。王羲之说："我已经写好了一个'当'字，你去取就是了。"王羲之把当票掏出来，交给那人。那人带着银两就去了苏州。到了苏州，见了当铺老板，就要赎当。老板听他不是本地人，跑这么远要回当，以为他是个疯子。但是，老板一看当票是真的，于是就说连本带利四十两。那人掏出四十两给了老板。老板有点纳闷，这字真的这么值钱？于是就问他："请问，这个字有什么珍贵的？"那人说："这是大书法家王羲之的真迹。你老先生不识货啊！"老板急了，喊道："你回来，我拿一百两银子买你的'当'字！"那人却拒绝了。他回到杭州，见了王羲之，交出了那个"当"字。王羲之接过来看都没看，就把那个字撕了个粉碎。

王羲之笑着对那人说："生意人最重要的是一个'和'字，和气生财。这个字是我心情不好的时候写的，带着几分怒气，不好。我现在重新给你写，保准你挂出去能发财。"王羲之运气着力，挥笔写下一个"当"字。在场的人无不称好。

可见，大书法家也难免会受到心情的影响。书法家要写出好字，必须要有好的心情，良好的氛围。王羲之的《兰亭集序》就是在他心情好、周围气氛好的情况下，写出的最为完美的作品。当时的人们在每年

第四章 怡情篇

113

的三月初三，要去河边玩一玩，以消除不祥，这叫作"修禊"。永和九年的三月初三，王羲之和当时的名士谢安、孙绰等人，在会稽山举行修禊活动。大家边喝酒，边作诗，最后把所有人的诗集中起来，合成一本《兰亭集》。大家让王羲之为其写一篇序文。王羲之当时心情好，又喝了酒，他拿起笔很快就完成了一篇序文，这篇序文就是后来名垂千古的《兰亭集序》。此帖为草稿，二十八行，三百二十四字，记述了当时文人雅集的情景。王羲之因当时兴致高涨，写得十分得意，后来他再次重写，也已是意不能达。

白居易的杭州游乐仕途

　　白居易聪颖过人，擅长诗文。当时有一位名士顾况，很多人做完诗文都要送来请教他。顾况眼光很高，一般不称赏别人的诗文，他多看一遍的诗文，便算上乘之作了。所以，许多给他送诗的人总是在门前踌躇不敢进去。少年白居易也知道顾况的盛名，他带了一卷诗亲自送到门前，请门人传进去。顾况的门人接了诗卷，说："您请先回去，等老爷看完了，再来听消息。"白居易说："烦劳你送进去，我在门外等候，要不一会儿老爷要见我，找不到人怎么办？"门人见他小小年纪口气却不小，就先把诗送了进去。

　　此时，顾况正在书房喝茶消遣，他已经看了几卷诗稿，有些厌倦了。门人又送来诗稿，顾况便接在手中，然后打开看，先看到诗卷面上写着"太原白居易诗稿"七字，不但没有谦逊之词，也不致求教之意；后细看他的名字叫"白居易"，便笑着自语地说："只恐长安米贵，白居不易。"他打开诗卷，认真地看起诗来，才看第一首，就觉得其文笔非凡；再看第二首，淡雅有味。顾况信手翻开中间的一页，上面有这样一首诗："离离原上草，一岁一枯荣。野火烧不尽，春风吹又生。远芳侵古道，晴翠接荒城。又送王孙去，萋萋满别情。"

　　顾况看完，不由拍案叫绝，大叫道："好诗呀！好诗！"他问门人："这位白相公还在吗？他既送诗来，你为什么不请他进来坐？"

门人说："小人倒是叫他走，他就是不走，现还站在门外等老爷见他呢。"顾况说："如此甚好，你快去请他进来！"门人一走，他便踱了出来相接。二人相见，分外欢喜。顾况感叹道："我本以为没有好诗文了呢，不想天地间还有你这样的才子，真是太有幸了！"于是，他邀白居易到书房里聊天。两个人谈古论今，竟成了莫逆之交。自这之后，白居易的诗名远扬。

贞元十五年（799年），白居易参加了观察使崔衍举行的乡贡考试，应试时他作了《射中正鹄赋》和《窗中列远岫诗》。白居易赢得了崔衍的赏识，他和另一个人被推举去长安参加进士考试。于是，白居易满怀希望，踏进京城备考。第二年二月，白居易在长安参加了中书舍人高郢主持的进士考试，作《性习相近远赋》和《玉水记方流诗》。结果，白居易以优异的成绩高中第四名，而他是考中的十七个人中最年轻的一个，"慈恩塔下题名处，十七人中最少年"。

当时，考中进士只是取得做官的资格，要取得官职，还需要经过吏部考试，也就是"选试"。白居易回到家乡后，为了迎接更高一级的考试，继续埋头苦读。贞元十八年（802年）冬，白居易再次来到长安，和朋友元稹一起参加了吏部侍郎郑瑜主持的拔萃科选试，结果白居易名列甲等，元稹考中第四等。第二年春，他们一同被任命为校书郎，管理皇家的经籍图书，这个官职其实是一个九品小官。

元和元年（806年），唐宪宗为了广揽人才，举行了制科考试，这个考试考中后可以得到较高的官职。此时的白居易和元稹因校书郎任期届满而赋闲，于是二人一起住进长安上都华阳观里，为这次考试做准备。白居易后来写过一首诗，讲述了当时的境况："季夏中气候，烦暑自此收。萧飒风雨天，蝉声暮啾啾。永崇里巷静，华阳观院幽。"白居易和元稹在华阳观中"闭户累月，揣摩当代之事，构成策目七十五门"。后来，白居易把这些文章编成四卷，即《策林》。这年四月，白居易和元稹参加了策试。考试中，唐宪宗针对当时国家的内忧外患情况，询问如何理政才能取得成效。对此白居易早已胸有成竹，他回答道："人民饥贫是由于赋税太重，赋税重是由于连年征战，而连年征战的原因是由于边祸不断，边祸不断的最终原因是朝政的荒颓。要改变这些首先必须惩治那些贪官污吏，使政局清正，同时减免苛税使人民安居乐业，这样社会才能安定。"

白居易因诗才有名，他的对策也有一定水平，因此被召入翰林为学士，随后迁升为左拾遗。白居易每每奏对，论事耿直，不肯委婉。皇上因此对他非常恼火。一次，皇上对宰相李绛说："白居易，朕所提拔之人，怎么敢如此放肆，朕岂能容忍！"李绛忙跪奏说："言路大开，是朝廷的盛事。白居易敢于直言，是因为要报陛下提拔之恩。请陛下宽谅他，以发扬盛德。"皇上听他如此一说，很是高兴，于是待白居易像原来一样。后白居易又因论事触怒了朝廷大臣，皇上怪他出位多言，于是找借口将他贬到江州任司马。

后来，唐穆宗即位，听说了白居易的才名，又召他回京为翰林学士。但是，唐穆宗好游玩，出入没有节制，白居易忍不住写了一篇《续虞人箴》，献给皇上，以寓规讽。皇上看了之后大怒，将白居易贬为杭州刺史，宰相等人说情也不管用。白居易得到消息后，没有一点恼怒的意思，心想："我白居易既蒙提拔，做一日官，自当尽一日之职。在朝廷则应尽言朝中得失，守邦则抚护万民，一样的为国效力，何分京城内外？更何况杭州山水优美，可以陶冶我的性情，这都是皇上的恩惠，即当赴任。"于是收拾好行囊，携了家眷，赶往杭州赴任。

白居易到杭州上任之后，忙完公务和应酬，便下去察访民情。他得知李邺侯原来开凿的六口井，因为年久失修取不了水，当地居民又受咸水之苦，于是就组织民夫重修这六口井。没几天便大功告成，百姓很是感激。白居易走访得知下塘一带的千余顷农田，都靠西湖水灌溉；近因湖堤倒塌，蓄泄没准，难以救济，非常容易荒旱。白居易便又调集民夫筑起湖堤，比旧堤还高出数尺，以便多蓄湖水和放水，并设了水闸。自这之后，蓄水有余，泄水不竭，周围农田不再干旱，百姓更是感恩不尽。白居易做了这件大事之后，见百姓生活日益富裕起来，他也满心欢喜。

白居易在政务之余，经常到西湖游览观光。他见南山一带，树色苍苍，仿佛数十里翠屏一般，景色优美；涌金、清波一带的城郭立于东面，保俶塔、葛仙岭、栖霞、乌石、北高峰绕于西北，南高峰、南屏山、凤凰山绕于西南，将明圣一湖包裹在内，景色怡人。但是美中不足的是湖宽水深，不便漫步，出行便要划船。他见西泠一带往来必须要有车马，出行不便。白居易思考了好久之后，便再次调用民工，从那断桥起筑了一条长堤，直接抵达孤山，把西湖分成内、外两湖。长堤上种了无数的桃李垂杨，每到春季来临，红红绿绿，绵延数里仿佛锦带一般。如此美景，引得城里城外的人都来这长堤上游赏。开始时还是一些本地人来游玩，后来渐渐名动四方，使得西湖闻名天下。

后来，一些人不断来找白居易。有人说："这里可憩憩足力。"于是就盖一间亭子。有人说："这里可以眺望远山。"于是就又增造一座楼台。一时间，好佛的人在幽静处建寺宇；好仙的人择名胜地建宫观；好义的人为忠孝者立庙；好名的人为贤哲立祠。酒楼茶馆更是遍布大街小巷。经过人们的装点，西湖变成了花锦世界。后来，那条长堤，因是白居易所筑，于是被人们称为"白公堤"。白居易见如此光景，也十分得意，还特意写了一首诗自表："望海楼明照曙霞，护江堤白踏晴沙。涛声夜入伍员庙，柳色春藏苏小家。红袖织绫夸柿蒂，青旗沽酒趁梨花。谁开湖寺西南路，草绿裙腰一道斜。"

百姓有感于白居易为杭州做好事，都非常高兴，巴不得他天天到湖上赏光。白居易忙完政事，便到各地名胜游览题诗。如烟霞石屋、南北两峰、冷泉亭、雷峰塔，以及城中虚白堂、因岩亭、之签亭，凡有一景可以观赏的地方，无不留诗记胜。

一天，白居易正在对雪饮酒，忽报元稹差人送信来问候。白居易看了信之后，哈哈大笑，他对身边的人说："元相公一直要以浙东胜景与我杭州的西湖相比较。就拿山水来说，就已比不过了；何况今番又有你在此赏雪对饮，又添了一段佳话，只怕元相公更加比不过我了。待我再作诗一首，取笑他一番。"于是乘着酒兴，写诗一首寄元稹说："可怜风景浙东西，先数余杭次会稽。禹庙未胜天竺寺，钱湖不羡若耶溪。摆尘野鹤春毛暖，拍水沙鸥湿翅低。更对雪楼君爱否，红栏碧甃点银泥。"

元稹得了这首诗，已自知又比不过他，也就作罢了。

白居易在杭州任职三年期满，朝廷得知他政绩很好，于是召他回京做秘书监。白居易接到这个任命，愁多喜少，但又不敢违旨，只得准备离开杭州。但白居易想到自己在西湖之时，朝花夕月，冬雪夏风，尽情享受了三年，现在就要离去，还是有些依依不舍。而且如果突然离去，岂不令山水笑他无情？于是，白居易差人备下酒席，亲自到湖堤上来祭奠山水花柳，聊表谢别之情。白居易走的这天，全城百姓因感激他三年的恩惠，都赶来相送。白居易笑着说："我在这里做官三年，并没有给你们什么好处，'唯留一湖水，与汝救荒年'。"他等百姓都散去了，才起程回京。

白居易在回京途中，沉默寡言，闷闷不乐，也不饮酒赋诗。随行亲友见他如此，也不知是什么原因，便问他说："你在杭州做了三年刺史，虽然快活，却是外官。今蒙圣恩，召你回京做官，应是好事，你却为何如此闷闷不乐？"白居易说："升降荣辱，乃身外之事，我怎么会为这事闷闷不乐？我之所以闷闷不乐，是因为我有病。"亲友又问："我见你步履如常，不像有病的。不知你得了什么病？"白居易长叹一声，说："我得的是心病！"众亲友听了，不明白白居易到底是因为什么得了心病。白居易说："我因思念南北两峰和西湖之水而得了相思病！"众亲友听了，都鼓掌大笑说："这个相思病实在害得新奇。遗憾的是医书不曾有此药方，真是无药可治，怎么办呢？"说完，纷纷大笑。

白居易回到京城不久，因论政触怒了朝廷权臣，又被贬到苏州任刺史。苏州虽然有虎丘山、观音山和太湖可以游赏，但白居易一心想着西湖，口口声声只说着西湖。他曾对一个相好的朋友说："我与西湖既结下了宿世之缘，就应生生死死终身享用，为何却只有短短的三年缘分？并且在这三年中，公事文书，又浪费了我许多时光。山湾水曲，何曾遍游？细想起来，我与它相处的情分，还不十分亲切，从今以后，官务在身，再不能重新与它一见，真可谓是负心人！"好友笑着对白居易说："你如此爱慕西湖，我却还不知道西湖到底是什么样子，如真有三分景色，也好让我领略你的相思！"白居易听了说："你要领略西湖的景色吗？一时如何描摹得尽，我写首诗给你说个大概吧。"于是，他思索片刻，咏唱了一首诗："为我踟蹰停酒盏，与君约略说杭州。山名天竺堆青黛，湖号钱唐泻绿油。大屋檐多装雁齿，小航船亦画龙头。所嗟水路无三百，官系何因得再游。"

好友听了，也觉很美，不再难以理解白居易那相思之苦了。

之后，白居易又奉诏入京，并且官至刑部尚书。后来他告病辞官，在东都履道里所住之处，筑池种树，建石楼看山；与弟弟白敏中、白行简、裴度、刘禹锡，一起过逍遥的生活。再后来，他的年纪大了，与胡果、吉旻、郑据、刘真、卢真、张浑、狄兼谟、卢贞八位老年致仕的朋友，一起吟诗喝茶，当时人称他们为"香山九老"。

风流县令郑板桥的闲情逸致

郑板桥，名燮，字克柔，清代书画家、文学家。郑板桥三岁丧母，乳母费氏勤劳、善良、慈爱、仁厚。尽管郑家贫困，不能支付她费用，她却舍不得郑板桥，仍帮助郑家操持家务而在自家吃饭，给幼小的郑板桥以真情的关爱。后父亲继娶的郝氏，视郑板桥如己出。郑板桥在《七歌》中回忆她"十年操家足辛苦，使我不足忧饥寒"。在两人的先后照料下，郑饭桥度过了温暖而幸福的童年，养成了悲天悯人的宽厚情怀。

郑板桥天资聪明，六岁就能背诵四书五经，八九岁时已能作文写对联。幼年的郑板桥除了跟父亲学习，还常聆听外祖父的教导。郑板桥学习刻苦，成绩优异，但他率性自然，非常讨厌矫饰的风气，对那些不合理的事情，常直言指斥，以致很多家长都不让自己的孩子多与他来往。郑板桥童年时就喜欢畅言高论，品评历史人物。他认为臧获、婢妾、舆台、皂隶等下层民众都是炎黄子孙，应该和贵族一律平等；当时被统治者奉为圭臬的程朱理学，也被他说为"只合闲时用着，忙时用不着"。他对当时士人阶层人文精神的堕落，感到尤为愤怒，觉得很多秀才凭着一篇"腐烂文章"，侥幸考中，便动辄"子曰""书云"糊弄百姓，其实胸中不过"一团茅草乱蓬蓬"而已。他觉得自己除了读书，"寒而思衣，饥而思食，倦而睡觉，病而服药，凡举动饮食之间：坐，不必端正之席；吃，不必割方之肉"，和老百姓并无差异，更无矫饰伪装之病。

或许是因为他经常切中时弊，被同乡秀才冠以"好骂人"的评价。

郑板桥成年之后才考取秀才。为了养家糊口，他不得不设私塾教书。但是，当地农民生活十分贫苦，他的生意并不好。后来，因为生活更加艰难，郑板桥被迫到扬州卖画为生。他自我解嘲是"实救困贫，托名风雅"。在扬州卖画十年期间，先是儿子夭折，后是妻子病逝，郑板桥更加潦倒。幸亏遇到一位朋友慷慨解囊，资助了他一千两银子，才算摆脱了贫困。

雍正十年（1732年），郑板桥赴南京参加乡试，中了举人。乾隆元年（1736年），郑板桥终于考取进士，取得了当官的资格，他为此还刻了一方印章，上刻有"康熙秀才、雍正举人、乾隆进士"几个字。后来，郑板桥被任命为山东范县县令。郑板桥到山东范县就任后，虽与其他县令同为父母官，但在判案时却与众不同。

一天，一群人到县衙门口吵吵嚷嚷着要告状。领头的是本地有名的一个无赖乡绅，身后跟的都是他的狐朋狗友。郑板桥知道这伙人都是一些纨绔子弟，整日不务正业，尽干些偷鸡摸狗、寻花问柳的事。这些人把一个小和尚和一个小尼姑五花大绑，押在大堂上。这两人跪在地上浑身发抖，头也不敢抬。郑板桥一拍惊堂木问道："谁是原告，状告何人？状告何事？"领头的无赖大摇大摆地走上前去回话。郑板桥把惊堂木重重地一拍，大喊："跪下！"这伙无赖吓得赶忙跪下。

领头的无赖指着小和尚和小尼姑说："老爷，我是原告，要告这小和尚和小尼姑；告他二人不遵守佛门的清规戒律，经常眉来眼去，勾勾搭搭。昨天晚上，和尚和尼姑私下约会时，被我们当场抓获。这两个人干出这种伤风败俗的事，应从严处罚，望大老爷明断！"郑板桥一听，觉得这件事似乎有些蹊跷，他一看小和尚和小尼姑，他们大约二十来岁，不像是什么恶人。于是，他便对衙役们说："把和尚和尼姑身上的绳索解下来，请他们站起来回话。"无赖们想说什么，被郑板桥一脸威严制止了，谁也不敢再吭一声。郑板桥问道："你二人把详细情况如实告诉本官，不用害怕，只要你们说得有理，本官一定会替你们做主的。"小尼姑看了看这帮跪在地上的无赖，又抬头看了看堂上坐着的郑板桥，说："请县太爷为我做主，我是被冤枉的呀！"

小尼姑把事情的原委讲给郑板桥听：她原来是一个农家女子，十六岁时父母双亡，她从此没了依靠。这伙无赖见她孤身一人，经常上门调戏她，并逼迫她嫁给这个领头的无赖。小尼姑不愿意，他们就把她的家焚毁了。她因为无处安身，只好到大悲庵削发为尼。但是，这伙无赖还追到大悲庵惹是生非。这个小和尚住在距离大悲庵很近的崇仁寺，因为家中兄弟姐妹多，被父母送到寺里当了和尚。有一次，这伙无赖在大悲庵外拦住了小尼姑，并对她动手动脚，正好被路过的小和尚碰见。小和尚性格豪爽，爱打抱不平，一顿拳脚把他们打得四散而逃，从此他们再也不敢去找小尼姑的麻烦。当小和尚知道小尼姑的遭遇后，非常同情她，便把她当作自己的妹妹看待，二人经常来往。昨天晚上，小尼姑给小和尚送了一双布鞋，这伙无赖埋伏在暗处，把他俩绑了起来送来见官。

郑板桥听完之后，心里暗暗自责，自己身为父母官，却没能让老百姓填饱肚子，真是心里有愧呀。郑板桥略微思考了一下，心里有了主意。他笑着问小尼姑："我问你一个问题，你要如实回答。你是否喜欢这个小和尚？"小尼姑脸一下红了，低头不语。郑板桥问："请你如实告诉本官。"小尼姑看到郑板桥样子慈善，于是就大胆地说："回禀县太爷，小女子确实喜欢这个和尚。"郑板桥微微点头，又问小和尚："你喜欢这个小尼姑呢？"小和尚是个爽快人，他直接说："我也喜欢她！"郑板桥赞道："好！是个男子汉大丈夫！"

无赖们在地上跪了半天，听到这里感到纳闷，这个县令怎么了，不审小和尚和小尼姑偷情，却问他们二人是否喜欢对方。还未等他们明白过来，郑板桥就说："既然你有情，他也有意，年龄又相近。本官今天在这里就成全你们。你们从现在起就可以还俗，在大堂上结为夫妻。你们愿意不愿意？"小和尚和小尼姑没想到县令不但没判他们的罪，还批准他们结为夫妻，两个人当即同意还俗。郑板桥笑着对他们说："你们快起来。本官昨天刚卖了一幅画，手边还有一些银两，就送给你们做贺礼吧！另外，本官还要送你们一首诗做贺词。"郑板桥很快就提笔写了一首诗："一半葫芦一半瓢，合来一处好成桃。从今入定风规寂，此后敲门月影遥。鸟性悦时空即色，莲花落处静偏娇。是谁勾却风流案？记取当年郑板桥。"

郑板桥写完这首诗，对跪在地上的无赖们说："起来吧，起来吧，他们夫妻二人还得谢谢你们这些大媒人呢！你们快回去吧！"这伙无赖见事已至此，只好灰溜溜地离开了大堂。

郑板桥在山东担任县令期间，重视农桑，体察民瘼，关心百姓疾苦，努力使百姓安居乐业。他还发现了普通民众的价值："我想天地间第一等人，只有农夫，而士为四民之末。农夫上者种地百亩，其次七八十亩，其次五六十亩，皆苦其身，勤其力，耕种收获，以养天下之人。使天下无农夫，举世皆饿死矣。"他认为农、工、商的作用远远超过那些高谈阔论的士人："工人制器利用，贾人搬有运无，皆有便民之处。而士独于民大不便，无怪乎居四民之末也。"并且认为自己"画兰、画竹、画石，用以慰天下之劳人，非以供天下之安享人也"。

郑板桥任知县时，为了减少对百姓的骚扰，出行一点不讲排场，不许鸣锣开道，有时还穿着布衣草鞋微服私访。他在走访中遇到孤儿，总会倾力相助；县学里的学生因为下雨天不能回家，他就让人送饭过去。郑板桥曾画过一幅竹子送给上司，上面还题了一首诗："衙斋卧听萧萧竹，疑是民间疾苦声。些小吾曹州县吏，一枝一叶总关情。"这首诗里充分表达了他的责任感和同情心。尽管郑板桥只是七品县令，但是他勤政爱民，从法令上、措施上维护老百姓的利益，努力使辖区内没有冤民和冤案。

山东潍县因大旱而闹饥荒，郑板桥立马就开仓赈灾，利用修城筑池的方法招募饥民，解决他们的吃饭问题。郑板桥还责令城中大户煮粥赈济百姓。他还带头捐出自己的俸禄，并刻了一方图章来表明志向："恨不得填满普天饥债。"在旱灾最严重的时候，他打开官仓借粮给百姓。按照当时朝廷的规定，官员不能擅自打开官仓，否则就要受惩处。郑板桥说："等批下来百姓早就饿死了，这责任由我一人来承担！"他开仓借粮的举措救了饥寒交迫的百姓。当年因为秋旱，很多百姓无法归还借来的粮食，他就让人把借条烧了，以减轻百姓的负担。

郑板桥开展的这些爱民赈灾措施，让一些想在灾荒中大赚一把的官僚豪绅无利可图。这些人就联合起来密告他谎报灾情，将赈银中饱私囊。郑板桥为官没有私心，自己也无私产，查无凭证，最终没有被治罪。郑板桥是一个忧国忧民的人，他的行为不容于当时的官场，而他也不满官场拘束，于是就辞官归隐了。

郑板桥临走的时候，当地百姓都来送行，郑板桥只带了两箱书和一个书童，骑着雇来的毛驴回乡。郑板桥如此清廉，让送行的人很感动。郑板桥还作诗留念："乌纱掷去不为官，囊橐萧萧两袖寒。写取一枝清瘦竹，秋风江上作渔杆。""进又无能追又难，宦途踽踽不堪看。吾家颇有东篱菊，归去秋风耐岁寒。"以此来表达他高尚的人品和旷达的心胸。

郑板桥在画、书、诗等方面都有很大的成就。清人张维屏在《松轩随笔》中评价郑板桥有"三绝"：画、书、诗。三绝之中有三真：真气、真意、真趣。这种真气、真意、真趣是郑板桥形成艺术风格的内在意蕴，也是对郑板桥人生境界的高度概括。郑板桥画画以兰、竹、石为主，竹清瘦挺拔，兰萧散逸宕，石雄奇秀逸，脱尽俗习，形成了秀劲挺拔、生动活泼的画风，在当时画坛享有很高的声誉。郑板桥的书法被人称为"板桥体"，潇洒新颖，错落有致，历来评价很高。与他同时代的金农说："兴化郑进士板桥风流雅画，极有书名，狂草古籀，一字一笔，兼众妙之长。"这是说郑板桥的字以楷隶为主，兼揉草书，是超脱传统技法而新创的一种字体。郑板桥对自己的字很得意，也觉得"蹊径一新，卓然名家"。郑板桥的文如其人，清新流畅，自由洒脱，直抒胸臆。他的散文娓娓道来，纵横自如；对联质朴自然，立意高远，情趣逼真；诗词婉约、豪放不拘，直面社会现实。

郑板桥能够达到画、书、诗三绝，关键在于他能以书入画，以画入书，诗画交融。例如，他画兰枝、竹叶时借鉴了草书中的竖长撇法；而在书法中，又使竖横撇点有竹枝、兰叶的飘洒意态。蒋十铨就称他"作字如写兰""写兰如作字"，自成一家。他画完画后，常常用诗歌作为题跋，来揭示画面的象征意义。他为苍石图题诗："老骨苍寒起厚坤，巍然直拟泰山尊。千秋纵有秦皇帝，不敢鞭他下海门。"以苍石来表达自己的凛凛傲骨。他为竹子图题诗："秋风昨夜渡潇湘，触石穿林惯作狂。惟有竹枝浑不怕，挺然相斗一千场。"以竹子表达自己处世的节操。他为松树图题诗："咬定青山不放松，立根原在破岩中。千磨万击还坚劲，任尔东西南北风。"以松树来展现自己的高风亮节。

梅花入诗，茶食亦可——袁枚

　　袁枚是清代性灵诗派的倡导者。他出生于杭州，七岁入学读书，十二岁中了秀才进入县学，二十四岁中进士，任翰林院庶吉士。大学士史贻直见他所写策论后，称赞他是贾谊再世。袁枚曾在溧水、江浦、沭阳、江宁等县做官，由于贤能爱民，政绩甚佳，深得百姓爱戴。但是，为官的这些日子，袁枚无法从官场中获得他想要的快乐。他写的诗文并不能让他离万众读书人的梦想更近一些，反而让他渐渐远离。袁枚萌生了退隐之意。

　　袁枚三十三岁时辞官。他的朋友钱宝意作诗颂赞他："过江不愧真名士，退院其如未老僧；领取十年卿相后，幅巾野服始相应。"袁枚自己还为此作了一副对联："不做高官，非无福命祗缘懒；难成仙佛，爱读诗书又恋花。"在这个对联中，他表明"爱书如爱命"的读书志趣及无意于官场的志向。他还写了一首《咏筷子》诗："笑君攫取忙，送入他人口。一世酸咸中，能知味也否？"他在诗中对世人为追逐名利而送往迎来、失去自我的可笑行为做了深刻的讽刺。

　　袁枚是个重视生活情趣的人。他任江宁县令时，在江宁小仓山下以三百金购得随园。当时的随园荒废已久，"园倾且颓弛……百卉芜谢，春风不能花"。袁枚来到这里，畅想着他的小世界"白门新挂竹皮冠，为爱梅花不作官"，每天都忙于打造这个完全属于自己的园林，过着梦想中的以诗会友的惬意生活。随园经过多次整治，由于"随其丰杀繁瘠，就势取景"，因此称为"随园"。袁枚在《杂兴诗》中描写随园景致："造屋不嫌小，开池不嫌多。屋小不遮山，池多不妨荷。游鱼长一尺，白日跳清波。知我爱荷花，未敢张网罗。"如此诗情画意，令人向往，也难怪袁枚怡然自得，放情声色，不复作出仕之念。随园四面无墙，每逢佳日，游人如织，袁枚亦任其往来，不加管制，更在门联上写道："放鹤去寻山鸟客，任人来看四时花。"

袁枚隐居随园不久，就入不敷出了，家人也都看在眼里急在心里，总不能就这样坐吃山空吧，于是袁枚再次踏上了仕途之路。这一次，他为官的地方是陕西。袁枚从京城往陕西行走着，三月离京，五月走到西安。当年九月，他就接到了父亲病死的消息，于是收拾行囊再次南归。袁枚为父守丧的三年，进行了深思熟虑的谋划，不复出仕，彻彻底底守在他的随园里，度过接下来的人生。他在这里著述颇丰，有《小仓山房诗文集》《随园诗话》《随园随笔》《随园食单》等。其中《随园食单》是一部系统地论述烹饪技术和南北菜点的著作。全书分须知单、戒单、海鲜单、杂素菜单、点心单、饭粥单、茶酒单等十四个方面。在"茶酒单"中，他对南北名茶均有所评述，此外还记载着不少茶制食品，颇有特色。其中有一种"面茶"，是将面用粗茶汁熬煮后，再加上芝麻酱、牛乳等佐料，面中散发淡淡茶香，美味可口；"茶腿"是经过茶叶熏过的火腿，肉色火红，肉质鲜美而茶香四溢。他在"须知单"中开宗明义地说："学问之道，先知而后行，饮食亦然，作须知单。"此篇可作为饮食通则。他在"戒单"中说："为政者兴一利，不如除一弊，能除饮食之弊，则思过半矣，作戒单。"此篇正好与"须知单"互为表里。从这些可以看出袁枚是一个对茶、对饮食有相当研究的人。

此外，袁枚还写下许多茶诗。如《试茶》："闽人种茶当种田，郊车而载盈万千。我来竟入茶世界，意颇狎视心逌然。"这首诗描写了福建人种茶的情形。《湖上杂诗》："烟霞石屋两平章，渡水穿花趁夕阳。万片绿云春一点，布裙红出采茶娘。"描写身着红布裙的采茶姑娘在茶山中采茶等场景。《渔梁道上作》："远山耸翠近山低，流水前溪接后溪；每到此间闲立久，采茶人散夕阳西。"是写群山万壑、山涧溪流的美景，以及采茶的场景。从这些诗歌中，可看出他对茶和茶文化的钟爱。

袁枚六十五岁时，开始徒步旅游。他遍游名山大川，浙江的天台、雁荡、四明、雪窦等山，安徽黄山，江西庐山，广东、广西、湖南、福建等地，都留下了他的足迹。喜爱品茶的他自然尝遍各地名茶，并且将它一一记载下来。他描写常州阳羡茶："茶深碧色，形如雀舌，又如巨米，味较龙井略浓。"他描写洞庭君山茶："色味与龙井相同，叶微宽而绿过之，采掇最少。"他游历到武夷山时，对武夷茶产生了兴趣。他先前对武夷茶的印象是"茶味浓苦，有如喝药"，因此不喜欢武夷茶。但是，到了武夷山，特别是来到曼亭峰天游寺等地后，他对武夷茶的印象完全改观。他曾这样写道："僧道争以茶献，杯小如胡桃，壶小如香橼，每斟无一两，上口不忍遽咽，先嗅其香，再试其味，徐徐咀嚼而体贴之，果然清芬扑鼻，舌有余甘。一杯以后，再试一二杯，释躁平矜，怡情悦性。始觉龙井虽清，而味薄矣；阳羡虽佳，而韵逊矣。颇有玉与水晶，品格不同之故。故武夷享天下盛名，真乃不忝，且可瀹至三次，而其味犹未尽。"袁枚详细而生动地描写了所用的茶壶、茶具到饮茶的步骤、感觉与武夷茶的特色。

袁枚对保存茶叶很有研究。他认为："其次，莫如龙井。清明前者号莲心，太觉味淡，以多用为妙。雨前最好，一旗一枪，绿如碧玉。收法须用小纸包，每包四两，放石灰坛中，过十日则换石灰，上用纸盖扎住，否则气出而色味全变矣。"可说是研究得相当深入。至于烹煮的方法，他也有独到的妙法："烹时用武火，用穿心罐，一滚便泡，滚久则水味变矣！停滚再泡则叶浮矣。一泡便饮，用盖掩之则味又变矣。此中消息，间不容发也。"山西裴中丞尝谓人曰："余昨日过随园，才吃一杯好茶，呜呼！"有了好茶，还要有好水才能泡出一壶好茶。对此袁枚曾说："欲治好茶，先藏好水，水求中泠惠泉，人家中何能置驿而办。然天泉水、雪水力能藏之，水新则味辣，陈则味甘。尝尽天下之茶，以武夷山顶所生，冲开白色者为第一。然入贡尚不能多，况民间乎！"

袁枚不仅好茶，而且还好吃、懂吃，是一位美食专家。袁枚在《随园食单》中，详细记述了我国明清时期的三百二十六种菜肴饭食，大至山珍海味，小至普通粥饭，无所不包。

袁枚特别喜欢吃豆腐，他记录了很多种豆腐的吃法。一次，一位杭州名士请他吃豆腐。那位名士用豆腐和芙蓉花烹煮了一道菜。豆腐清白如雪，花色艳似云霞，吃起来清嫩鲜美。袁枚向主人请教做法，主人却不肯相告，并且说："古人不为五斗米折腰，你肯为豆腐三折腰，我就告诉你。"袁枚随即离席，向主人躬身，然后笑着说："我今为豆腐折腰矣！"主人告诉他这个菜叫"雪霞羹"，以豆腐似雪，芙蓉如霞而得名，并告诉他烹调的秘方。袁枚回家后，如法炮制。时人还吟诗记录此事："珍味群推郇令庖，黎祁尤似易牙调。谁知解组陶元亮，为此曾经一折腰。"袁枚为豆腐折腰，一时传为美谈。豆腐也在袁枚的提倡和推广下，成为佳肴，大为流行。

袁枚和许多雅士一样钟爱梅花，梅花映衬着袁枚超凡脱俗的品格，也激发了他的创作灵感。袁枚修建随园时，栽种了很多梅花。袁枚的孙子袁祖志在《随园琐记》中记载：袁枚于小仓山西山诗城之下，种梅五百本，山巅筑亭，颜曰"小香雪海"。这些梅花盛开时，幽香弥漫、花色迷眼、云蒸霞蔚的景象，与苏州赏梅胜地邓尉香雪海相辉映也。

袁枚为种这些梅花付出了很多财力、精力、体力，"为买梅花手自栽，朝衫典尽向苍苔""十丈春山带雪量，一枝短衬一枝长。安排要得横斜致，闲与园丁话夕阳"。

有付出就会有收获。每当梅花绽放，袁枚的心情都会非常愉悦。他曾作《看梅》："最朝东处枝先发，渐有风来雪大飘。同是看梅谁仔细？主人暮暮复朝朝。才走半梢如白龙，忽出千朵春云浓。三更以后看不见，明月一重霜一重。"袁枚观察梅花之仔细与痴迷，确实非常人可比。袁枚在梅花盛开的时候，还邀请亲朋好友一起来赏花，享受"梅花如大茧，宾主如春蚕。裹入万株烟，昵语何喃喃"那种人面梅花笑春风的喜庆气氛。

有一年，袁枚的好友——扬州八怪之一的李方膺（字虬仲，号晴江），于"随园二月中，梅蕊初离离。春风开一树"之际，应袁枚之邀来到随园赏梅，"天与山人笔一枝，笔花墨浪层层起"，一时兴起，乃挥毫画梅。"春风不如两手速，万树不如一纸奇""傲骨郁作梅树根，奇才散作梅树花"。袁枚还专门为他题写了画梅歌，抒发了对友人傲骨似梅花的钦佩之情，以及自己的情操、追求。

袁枚的很多创作得益于梅花，他写梅花的诗，不只是单纯地描摹梅花的外貌，也是在抒写自己的性情。他曾到邓尉山赏梅，并写了一首诗《在邓尉忆家中梅花，莞然有作》："主人邓尉看梅去，家中梅花开万树。舍近求远如芸田，梅虽不言我自怜。归来置酒向梅劝，劝梅莫作秋胡怨。君不见林逋终日不离花，花飞也到别人家。"这首诗语言诙谐感人，堪称独抒性灵之作。

第五章　才女篇

班婕妤团扇秋凉空寂寥

建始元年（前32年），也就是汉成帝刘骜即位的那一年，楼烦（今山西宁武）班家十六岁的女儿，因为秀色聪慧被选入宫做了少使（下等女官），她就是后来的班婕妤。这位秀美的少女生于将相之家，她的父亲是班况。班况在汉武帝出击匈奴的后期，驰骋疆场，建立过不少汗马功劳。班家的女儿自小受诗书熏陶，擅长音律，能作诗赋，很快得到皇帝的宠爱立为婕妤。

汉成帝刘骜十分好色，而且喜新厌旧。他还是太子的时候，他的父皇选平恩侯许嘉之女给他做太子妃，他第一眼看到容颜姣好的许家千金，便禁不住手舞足蹈。后来，汉成帝被班婕妤的美貌及文才所吸引，天天和她在一起。班婕妤的文学造诣极高，尤其熟悉史事，常常能引经据典开导汉成帝。

班婕妤品端德懿，做事从来不逾规矩。汉朝的皇帝在宫苑巡游时，常乘坐一种豪华的车子，绫罗为帷幕，锦褥为坐垫，两个人在前面拖着走，称为"辇"；皇后妃嫔所乘坐的车子，则是一个人在前面牵挽。汉成帝为了能够时刻与班婕妤在一起，特别命人制作了一辆较大的辇车，以便同车出游，但却遭到班婕妤的拒绝。她说："臣妾观看那些古代流传下来的画图，发现圣明君主都是名臣在侧，只有夏桀、商纣、周幽王的身旁坐着他们嬖幸的妃子。假如您与我同辇出入，不就和那些昏君相似了吗？"汉成帝认为她说得很有道理，于是就放弃了同辇出游的想法。王太后听说班婕妤说服皇帝不同车出游，对其非常欣赏。她对左右亲近的人说："古有樊姬，今有班婕妤。"

在这里，王太后把班婕妤与春秋时期楚庄王的夫人樊姬相提并论，是给儿子的这个妃子最大的嘉勉。楚庄王即位的时候，喜欢打猎，不务正业。樊姬苦苦相劝，但是都没有效果，于是她不再吃肉。楚庄王终于被感动，不再打猎，勤于政事。后来，樊姬把孙叔敖推荐给楚庄王，楚庄王重用他为令尹，三年后就称霸天下，成为"春秋五霸"之一。王太后把班婕妤比作樊姬，使班婕妤的地位在后宫更加突出。她希望班婕妤对汉成帝产生更大的影响，使他成为一代明君。但是，汉成帝最终没有成为楚庄王。有一年，汉成帝微服巡行，在阳阿公主家中见到了美艳的舞女赵飞燕，顿时失魂落魄，随后便纳赵飞燕入宫，不久又召她的妹妹赵合德入宫，将二人一同封为婕妤。从此，他和赵氏姐妹日日饮宴，夜夜笙歌。

许皇后不甘被皇上冷落，竟然想了一个愚蠢至极的办法：许皇后在后宫设坛，晨昏祈祷，诅咒那些皇上宠幸的嫔妃。没多久，这件事就败露了。赵飞燕姐妹虽然出身微贱，但是很有心机，她们知道要在后宫保全自己的性命和地位，就必须寻找一切时机铲除对手。于是，赵飞燕姐妹来到皇帝面前告状，并且添油加醋地说："许皇后不仅诅咒我们这些嫔妃，还谤毁皇上，辱骂国戚。还有那个班婕妤，她是推波助澜的人。"汉成帝十分震怒，废掉了许皇后，将她打入冷宫。汉成帝问罪班婕妤。她从容不迫地应对，说："死生有命，富贵在天。修正都未必得福，趋邪还能有指望吗？如果真的有鬼神，它们自然不会听信诅咒天子的话；如果没有鬼神，别人的诅咒有什么用呢？所以，臣妾不会去做那样的事情。"汉成帝见班婕妤说得入情入理，不禁想到他们往日的恩爱，于是就没有追究她的罪责，还对她进行了赏赐。

班婕妤是一个聪明的人，她知道后宫的明争暗斗和尔虞我诈会愈演愈烈，想要保存自己就必须想办法。于是，她给皇上写了一篇奏章，自请前往长信宫侍奉王太后。聪明的班婕妤把自己置于王太后的羽翼之下，这样就再也不怕赵飞燕姐妹的陷害了。汉成帝允其所请。

从此，班婕妤就陪在王太后身边，一任时光悄然流逝。但是，长信宫里生活刻板而单调，远处的昭阳宫却依旧充满了欢乐的喧哗声。班婕妤觉得自己仿佛是被秋天抛弃的树叶，孤寂中无人问津。她闲暇时作诗赋以自伤悼，每次看到昭阳殿的夕阳，不免触景伤情。她感伤自己的身世，轻声吟出这样的诗句："新制齐纨素，皎洁如霜雪。裁作合欢扇，团团似明月。出入君怀袖，动摇微风发。常恐秋节至，凉飚夺炎热。弃捐箧笥中，恩情中道绝。"

西汉时期的团扇又称绢宫扇、合欢扇，是当时妃嫔仕女的饰品。自从班婕妤的《团扇歌》问世之后，团扇就被视为红颜薄命、佳人失势的象征。班婕妤清楚，自己再也得不到汉成帝的轻怜蜜爱了。不久，赵飞燕被册封为皇后，赵合德被封为昭仪。但是班婕妤觉得这一切都与她毫无关联了，她每天心如止水，除了陪侍王太后烧香礼佛，就是弹琴写诗来抒发心中的感慨。

班婕妤最有名的一首诗是《长信宫怨》。她在诗中，从入宫受宠写起，写到自己爱惜羽毛，摒绝繁华，效法古代的贞女烈妇，甘愿长住长信宫中，但是想起往昔与皇上的恩爱，又不觉伤心落泪。诗中饱含无限的凄凉，使人不忍卒读。

绥和二年（前7年）三月，汉成帝暴亡于未央宫，随后被葬在扶风的延陵。汉成帝去世后，王太后让班婕妤守护陵园。从此班婕妤天天陪着石人石马，看着皇帝的陵墓。偶尔回首往事，她的眼里会溢上一层浅浅的泪影，笔底会流出行行凄婉的诗赋。五年后，班婕妤也病死了，被葬于延陵。唐代李益的《宫怨》："露湿晴花春殿香，月明歌吹在昭阳。似将海水添宫漏，共滴长门一夜长。"王昌龄的《长信秋词》："奉帚平明金殿开，且将团扇共徘徊。"都描写了班婕妤当时的苦闷心情。

班婕妤著有诗文集一卷，但是已散佚。她的《团扇歌》见于《昭明文选》和《玉台新咏》，《乐府诗集》载入《相和歌·楚调曲》。几乎梁陈以来的所有选本都题作班婕妤诗。《玉台新咏》的序说："昔汉成帝时班婕妤失宠，供养于长信宫，乃作赋自伤，并为怨诗。"《古诗源》中也有类似的题解。对于她的《团扇歌》，钟嵘在《诗品》中评价："《团扇》短章，辞旨清捷，怨深文绮，得匹妇之致。"沈德潜在《古诗源》中评价："用意委婉，音韵和平。"不过也有人认为这是借班婕妤之名作的，但是此诗的情调，团扇的托喻，与班婕妤的身世相当吻合，所以后世大多数人都认为这首诗是这位宫中才女的作品。

蔡文姬命运流转"十八拍"

蔡邕是汉代的大文学家，其才学在当时是举世公认的，他的女儿蔡文姬是著名的女诗人，她的名字因为各类传奇而为世人所熟知。

蔡文姬博学多才，自小音乐天赋过人。一次，蔡文姬的父亲在隔壁弹琴，她竟然能听出父亲在弹奏时把第二根琴弦弹断了。她的父亲十分惊讶，又故意把第四根琴弦弄断，也被她听出来了。蔡文姬十六岁时，就嫁给了卫仲道。卫家是河东的世族，卫仲道也是当地著名的才子。两人婚后十分恩爱，可惜不到一年，卫仲道就病死了。才高气傲的蔡文姬因为没有生子，所以经常受卫家人的白眼，后来她不顾父亲的极力反对，毅然回到娘家居住。

不久，东汉发生了董卓之乱。董卓掌权的时候，蔡文姬的父亲蔡邕正好在洛阳。董卓知道蔡邕的名气大，当时为了笼络人心，就把他请来做官，而且十分敬重他，很短时间内就官升三级。蔡邕在董卓手下，比任何时候都受器重。后来董卓被杀，蔡邕想起董卓待他不错，当着王允的面叹息。这惹恼了司徒王允，认为他是董卓一党的人，把他抓了起来。尽管朝廷里有许多大臣替蔡邕说情，王允还是不同意释放他。结果蔡邕死在了监狱里。

蔡邕死后，关中又发生李傕、郭汜之乱。长安一带百姓到处逃难，蔡文姬也跟着难民到处流亡。那时候，匈奴趁火打劫，掳掠百姓。一天，蔡文姬碰上匈奴兵，被他们抢走，与许多被掳来的妇女一齐被带到南匈奴。匈奴兵见她年轻美貌，就把她献给了匈奴的左贤王。后来她就成了左贤王的夫人，左贤王很爱她。她在南匈奴一住就是十二年，并为左贤王生下两个儿子，大的叫阿迪拐，小的叫阿眉拐。她还学会了吹奏"胡笳"，学会了一些异族的语言。虽然过惯了匈奴的生活，但由于是被掳掠至异域，所以她十分想念故国。

而此时，曹操已经基本统一了北方，还把汉献帝由长安迎到许昌，后来又迁到洛阳。曹操当上宰相，挟天子以令诸侯。这个时候曹操志得意满，突然回忆起少年时代的老师蔡邕对他的教导，想到老师没有儿子，只有一个女儿。后来，曹操得知老师的女儿被掳到了南匈奴时，立即派周近做使者，携带黄金千两，白璧一双，要把她赎回来。左贤王舍不得放蔡文姬走，但是蔡文姬很想回到中原，他只好让她回去。蔡文姬终于可以回故土了。她在离开与自己恩爱有加的左贤王和两个儿子时，内心既喜又悲，不觉泪如雨下。后来在汉使的催促下，她才在恍惚中登车而去。蔡文姬在归途中，回忆起在匈奴的十二年生活，创作了动人心魄的《胡笳十八拍》。

据传，在蔡文姬离开之后，匈奴人经常在月圆之夜卷芦叶吹笛，发出哀怨的声音，模仿蔡文姬的《胡笳十八拍》。中原人士也非常盛行以胡琴和筝来弹奏《胡笳十八拍》。

唐朝诗人李颀曾发出这样的感慨："蔡女昔造胡笳声，一弹一十有八拍。胡人落泪沾边草，汉使断肠对归客。"

"回归故土"与"母子团聚"对于蔡文姬来说都是美好的，但是却不能两全。蔡文姬的骚体诗《胡笳十八拍》采用民间歌谣的形式，吸取流行于西域的胡笳声律，一反温柔敦厚的传统，其感情奔放、想象大胆、语言炽热、形式新颖，令人耳目一新。它在我国古代文学史上有十分重要的地位。曹丕曾经说："屈原、司马迁、蔡文姬，他们的文字是用生命在写，而我们的文字只是用笔墨在写。"这里道出了蔡文姬作品之所以如此感人的奥秘。

蔡文姬回到中原后，把自己曲折的经历和辛酸的人生融入文学作品中，创作了《悲愤诗》。这首诗是我国历史上第一首自传体五言长诗，作者用质朴的笔触，描写了东汉末年的社会生活，并对乱世带给人们的痛苦进行了控诉，对自己命运发出了悲叹。若不是作者亲身经历、有切肤之痛，是难以写出如此饱含血泪的作品的。

蔡文姬回到中原后，在曹操的撮合下，嫁给了屯田都尉董祀。就在她婚后的第二年，她的丈夫犯了死罪，她顾不得嫌隙，亲自到丞相府向曹操求情。当时，曹操正在举行宴会，朝廷的公卿、文武大臣都聚集在丞相府。侍从把蔡文姬求见的情况报告曹操。曹操知道在座的很多人都和蔡邕相识，就对大家说："蔡邕的女儿在外流落了多年，这次回来了。今天让她来跟大家见见面，怎么样？"大伙儿都表示愿意相见。曹操就命令侍从把蔡文姬带进来。蔡文姬披散头发，赤着脚进来。她看到曹操后，立刻跪在他面前，十分伤心地替她丈夫求情。座上有好些人是蔡邕的朋友，看到蔡文姬如此可怜，不禁想起蔡邕，激动得几乎要落泪。曹操听完了她的申诉，说："你说的情形的确值得我们同情，但是判罪的文书已经发出去了，我还能有什么办法呢？"蔡文姬向曹操央求："丞相大人马房里的马成千上万，手下的武士多如牛毛，只要您派出一个武士骑着快马，追回文书，董祀就有救了。"曹操就亲自批了赦免令，派了一名骑兵去追，宣布免了董祀的死罪。

蔡文姬刚嫁给董祀时，夫妻生活并不和谐。蔡文姬因为饱经离乱，再加上思念远在匈奴的两个儿子，时常神思恍惚；董祀正值鼎盛年华，生得一表人才，通书史，谙音律，因此自视甚高，他对蔡文姬并不满意，但是迫于曹操的授意，只好勉为其难地接纳了她。但是，在董祀犯了死罪时，蔡文姬却不顾一切为他开脱，救了他一命。董祀感念妻子的恩德，对其态度有了极大的改变。此后，二人一直恩爱有加。后来，他们夫妻看透了世事，隐居在风景秀丽，林木繁茂的山麓。

相传，蔡文姬为董祀求情时，曹操见她在寒冬还光着脚，心中大为不忍，命人取过鞋袜为她换上，并让她在丈夫董祀没回来之前，暂时住在自己家中。曹操特别爱书，在一次闲谈中，曹操说很羡慕蔡文姬原来家中的藏书。可惜的是，蔡文姬说原来家中所藏的四千卷藏书，几经战乱，全部遗失了。曹操听了，一脸的失望。蔡文姬对曹操说自己还能背出四百篇文章。曹操十分高兴，立即说："既然如此，我马上派十名书吏抄录，你看怎么样？"蔡文姬却说："丞相，男女有别，礼不授亲，我自己用笔把这些文章写出来，献给你！"蔡文姬凭记忆默写出四百篇文章，文无遗误，曹操得到文章后，高兴不已。从这件事，也可以看出蔡文姬的才情。

蔡文姬一生三嫁，嫁到河东卫家，没有生育儿女；嫁给匈奴左贤王，生下两个儿子；最后嫁给董祀。

关于她的婚姻，丁廙在《蔡伯喈女赋》中这样说："伊大宗之令女，禀神惠之自然。在华年之二八，披邓林之曜鲜。明六列之尚致，服女史之话言。参过庭之明训，才朗悟而通玄。当三春之嘉月，时将归于所天。曳丹罗之轻裳，戴金翠之华钿。美荣曜之所茂，哀寒霜之已繁。岂偕老之可期，庶尽欢于馀年。"

在这首诗中，作者盛称了蔡文姬的资质与才华，却也感叹她这样博学多才的女子，命运凄惨，婚姻不幸。蔡文姬一生坎坷，大致已如上述。

在历史资料中，没有记载蔡文姬的最终归宿。其所作《悲愤诗》末尾的"托命于新人，竭心自勖励。流离成鄙贱，常恐复捐废。人生几何时，怀忧终年岁"，则预示着蔡文姬"一生抱恨常咨嗟"的悲剧性结局。

大唐帝国的"女宰相"上官婉儿

上官婉儿是唐代武则天时期宫廷内最有权势的女官。上官婉儿又名上官昭容，是唐高宗时宰相上官仪的孙女。

唐高宗因为对武则天的专横非常不满，与宰相上官仪密谋废掉武则天的后位。上官仪对唐高宗说："皇后恣意专权，天下极为不满，应该废掉以顺人心。"唐高宗就令他起草废后诏书。武则天的耳目得知这个消息后，立即向武则天告发。武则天赶到唐高宗身边，一把抢过诏书，恶狠狠地把诏书看了一遍，把脖子伸到唐高宗面前，大喊道："你杀了我！你杀了我呀！"唐高宗知道武则天的厉害，如果此时自己还坚持废后，可能会性命不保，于是他把自己摘得很干净，支支吾吾地说："这不是朕的意思，都是上官仪要朕做的。"结果，上官仪成了替罪羊。武则天为了震慑其他大臣，指使亲信污蔑上官仪勾结前太子李忠图谋叛逆。上官仪和其子上官庭芝被下狱处死，整个家族都受到了影响。当时上官婉儿还是个婴儿，她和母亲郑氏被罚入宫做婢女。

上官婉儿长到十四岁的时候，容貌秀美，天资聪秀，过目成诵，文采过人。上官婉儿曾被武则天召见，当场出题，让她依题写文章。上官婉儿文不加点，须臾而成，且字体秀美。武则天看后十分高兴，当即下令免了她奴婢身份，让她掌管宫中诏命。此后，武则天所下诏书，多出上官婉儿的手笔。

当时的上官婉儿处在情窦初开之时，二十四岁的太子李贤是她见得最多的男人，据传上官婉儿还做过李贤的侍读，两人产生了爱情。然而，他们的爱情很快就被碾得粉碎。李贤二十七岁时，被武则天废了太子位。而那份废黜太子的诏书，正是上官婉儿替武则天草拟的。经过此事，上官婉儿坚定了自己紧跟武则天的决心。

武则天将上官婉儿视为心腹，做什么事情也不避忌她。一天，上官婉儿与张昌宗调谑，被武则天看见。武则天拔取金刀，插入上官婉儿前髻，伤了她的左额，并且准备将她处死。张昌宗不断为她求情，才得赦免。上官婉儿因额头有伤痕，便在伤疤处文了一朵红色的梅花进行遮掩，结果这样让她的容貌更加娇媚。宫女们皆以为美，有人偷偷以胭脂在前额点红效仿，宫中渐渐流行起这种红梅妆。后来，上官婉儿精心侍奉武则天，曲意迎合，更得武则天欢心。武则天晚年甚至让她处理百官的奏表，参决政务。

唐中宗复位后，朝廷的大权都掌握在韦皇后的手中。唐中宗一生颠沛流离，过着朝不保夕的日子，所以性格柔弱。韦皇后则一心要学武则天，她勾结女儿安乐公主把持朝政。早在唐高宗驾崩时，上官婉儿便和中宗有私情。后来，唐中宗被废，幽囚在房州，只有韦后伴着他，吃尽苦楚。唐中宗复位以后，召幸上官婉儿，又令她专掌起草诏令，还册立她为昭容。

上官婉儿曾与武三思私通，她还把武三思荐给了韦后。由于有上官婉儿和武三思的加入，韦后的势力大增，把唐中宗完全架空了。武三思因为有韦后和安乐公主等人的支持，相继设计贬杀了张柬之、桓彦范、敬晖、袁恕己和崔玄暐等人，权倾朝野，不可一世。上官婉儿在草诏令中，经常推崇武氏而排抑皇家，致使太子李重俊气愤不已。后来，李重俊与左羽林大将军李多祚等矫皇帝旨意，发羽林千骑兵三百余人，在半夜时分，分两路军马直扑武三思、武崇训府，并诛杀了他们的党羽十多人。李重俊统兵三千，直趋肃章门，斩关直入，搜捕韦皇后、安乐公主和上官婉儿。上官婉儿得到消息后，急忙逃至唐中宗和韦后处，并对他们说："看太子的形势，是要先杀婉儿，然后再杀了皇后和陛下。"唐中宗和韦后大怒，遂带着安乐公主和上官婉儿登上玄武门躲避，并下令右羽林大将军刘景仁率骑兵二千多人，在太极殿前守卫。结果，太子兵败被杀。唐中宗下诏将太子首级献上太庙。韦后见武三思死了，心中凄凉，听说太子首级献于太庙，便下懿旨："将太子首级，在三思、崇训父子柩前致祭。"韦皇后和安乐公主亲自到武三思父子二人灵前吊奠。

上官婉儿怂恿唐中宗设立修文馆，大召天下诗文才子，邀请朝中善诗文的大臣进入修文馆，多次赐宴游乐，赋诗唱和。上官婉儿每次都代替中宗、韦后和安乐公主作诗，经常连作数首，因其所作诗句优美，多被时人传诵唱和。唐中宗对大臣所作之诗，令上官婉儿进行评定，名列第一者，常赏赐金爵。因此，朝廷内外吟诗作赋成风。韦后本不工诗，均由上官婉儿代为效劳，文臣明知这不是皇后写的，当面也只好认是她作的，并大加颂扬。于是，韦后就更加宠信上官婉儿。

上官婉儿趁此机会，将兵部侍郎崔湜引作面首。但是，崔湜在宫外，婉儿在宫内，宫闱虽然弛禁，毕竟有皇上在，终究不方便。上官婉儿又想出一个办法，在宫外修建府邸，以便游赏。唐中宗派人在上官婉儿居地穿池为沼，叠石为岩，穷极雕饰，常引大臣在这里宴乐。自此，上官婉儿与崔湜便能常常见面。崔湜的弟兄崔莅、崔液、崔涤个个都生得眉清目秀，崔湜一个一个地引他们进宫来，和上官婉儿见面，她竟然一下喜欢上这些美貌少年。从此，上官婉儿行走坐卧，都有这崔家弟兄四人追随陪伴在一旁。后来，崔湜在主持铨选时，多有违失，被御史李尚隐弹劾，按罪被贬外州司马。但是，上官婉儿和安乐公主为崔湜申理，很快他就官复原职。

后来，上官婉儿又攀附上了太平公主。唐中宗被韦后与安乐公主毒死后，上官婉儿与太平公主一起草拟遗诏，立温王李重茂为皇太子，是为唐睿宗。韦后摄政，让相王李旦参决政务。不久，临淄王李隆基率羽林将士冲入宫中，杀了韦后和她的党羽。上官婉儿十分聪明，带着宫人，秉烛出迎，并把她与太平公主所拟遗诏拿给刘幽求看，并且委托他在李隆基面前美言几句，免她死罪。刘幽求见上官婉儿楚楚可怜，便满口答应。正巧李隆基入宫，刘幽求就将草制呈上，替上官婉儿求情申辩。李隆基却说："这个妖妇淫渎乱宫闱，怎么能轻恕？今天要杀了她，后患无穷。"遂杀了上官婉儿。

李隆基继承皇位，是为唐玄宗。到了开元年间，唐玄宗开始怀念上官婉儿的才华，下令收集她的所有诗文，辑成二十卷。张说为她写道："敏识聆听，探微镜理，开卷海纳，宛若前闻，摇笔云飞，成同宿构。古者有女史记功书过，复有女尚书决事言阀，昭容两朝兼美，一日万机，顾问不遗，应接如意，虽汉称班嫒，晋誉左媪，文章之道不殊，辅佐之功则异。"此集今佚，《全唐诗》仅收其遗诗三十二首。上官婉儿在唐代历史中是个极有魅力的后宫女性，在《旧唐书》《新唐书》的《后妃传》中都有专篇记载。

上官婉儿是历史上最有才气的女子之一，她的一生可谓坎坷传奇。虽然她没有丞相之名，但有丞相之实，据说武则天甚至一度要把她立为女相。

传奇才女苏小妹

　　四川眉州有一位饱学之士——苏洵，时人称他为"老苏"。苏洵有两个儿子，他们都是赫赫有名的人物，老大是苏轼，老二是苏辙。兄弟两人同科及第，名声远播，被朝廷拜为翰林大学士，天下人称兄弟两人为"二苏"，称他们父子为"三苏"。苏洵还有一个女儿，叫苏小妹，她天生聪慧，在哥哥们的影响下，也爱上读书写字。

　　苏小妹十多岁时，跟随父亲和哥哥到京城居住。一天晚上，老父亲苏洵见绣球花开了，观赏了一会儿就取纸提笔写诗。苏洵刚写了四句，有客人来访，于是就搁笔去接待了。苏小妹来到父亲的书房，见桌上有这样四句诗："天巧玲珑玉一邱，迎眸烂漫总清幽。白云疑向枝间出，明月应从此处留。"

　　她看完后，知道是老父亲在写绣球花，于是就思索了片刻，挥笔续完了后面四句："瓣瓣折开蝴蝶翅，团团围就水晶球。假饶借得香风送，何羡梅花在陇头。"

　　苏小妹写完，就回房去了。苏洵送走客人后，想起来没有写完的诗，于是就进了书房，结果却发现一首诗已写好了。他读过之后觉得非常优美，怀疑是女儿写的，就把她叫来问，果然是她写的。苏洵笑着说："可惜你是个女孩家，要是男孩，又是科场一个有名的人物。"自此以后，苏洵就更加宠爱这个女儿了，任她读书，不再以她是女孩家而监督她。苏小妹十六岁时，苏洵决心要好好给女儿选一个大才子的女婿，但是找来找去，却难以找到。

一天，宰相王安石派人请苏洵到府上叙旧。两人见面之后，谈古论今，举杯对饮，不知不觉就有些醉了。王安石突然夸奖自己的儿子："犬子王雱，读书只一遍就能背诵。"苏洵带着酒意说："谁家儿子需读两遍？"王安石说："老夫失言，不该班门弄斧。"苏洵说："我儿子读一遍就能背，我女儿也是这样。"王安石吃惊地问："只知你的儿子才高，你的女儿也这么厉害吗？"苏洵后悔自己酒后失言，没有直面回答，连忙告退。王安石命书童取出一卷诗文，递与苏洵说："这是犬子王雱的文章，麻烦你给予指点。"苏洵放入袖中就告辞了。

苏洵睡到半夜，醒酒了，想起白天的那些事，还在自责：不该自夸女儿的才学，今王安石把儿子的文章交我指点，一定是为求亲的事。我还不愿意这门亲事呢，但是怎么推辞呀？就这样沉吟到了天亮。他起床梳洗完后，便拿出王雱的诗文批阅。这些诗文的确是篇篇优秀，字字如珠，他不觉动了爱才之意，心想："不知我女儿和他有没有缘分，我不如把这些诗文拿给她看看，看她喜不喜欢？"

于是，苏洵隐去诗文作者姓名，叫来丫鬟嘱咐："这是一个少年名士交来的诗文，请我帮他指点。我没有空闲，你替我转送给小姐，让她批阅完后，再送还给我。"丫鬟便把这卷诗文送与小姐，并转达了老爷的话。苏小妹提起笔来，从头批阅，全部看完后说："好文字！这一定是一个才子所做。不过文字多秀气，华而不实，恐怕成不了大气候。"于是在卷面批注说："新奇藻丽，是其所长；含蓄雍容，是其所短。取魏科则有余，享大年则不足。"

苏小妹写完批语，便叫丫鬟将诗文送还父亲。苏洵看了批语，大惊，心想：这批语怎么敢让王安石看到！他看了之后一定会恼怒。但是，卷面已经写了，无法再改。正在这时，王安石派人来了，那人说："奉宰相之命，前来取昨日交与您的诗文。并请您去，宰相还有许多话要跟您说。"苏洵手足无措，只好将卷面撕去，重新写批语，亲手交与王安石的下人。那人说："宰相还吩咐我问您，贵府小姐许配别人没有？如果没有，相府愿意与您结为亲家。"苏洵说："相府提亲，老夫岂敢不从。只是小女相貌平平，恐怕般配不上，请你委婉地禀告宰相。你们打听一下便可知道，并不是老夫推托。"下人便回去告诉了王安石。王安石见卷面换了，有点不高兴，又怕苏小妹长得丑，儿子不满意，于是暗地里派人去打听。

大哥苏轼常与苏小妹互相嘲戏。苏东坡长得一嘴胡子，苏小妹嘲笑他："口角几回无觅处，忽闻毛里有声传。"苏小妹额头比较突出，苏东坡便嘲笑说："未出庭前三五步，额头先到画堂前。"苏小妹又嘲笑苏东坡的下颌过长："去年一点相思泪，至今未流到腮边。"暗中打探苏小妹长相的人得知苏家兄妹的话后，忙回复王安石说："苏小姐才学确实是高，容貌则很一般。"于是，王安石就放下这桩亲事，不再去提。

然而苏小妹却因为相府求亲一事才名远扬。很多人听说相府求亲之事未成，都慕名前来求婚。苏洵让他们都先呈送文章，让苏小妹批阅。送来的文章之中，各种等次的都有，其中有一篇文章写得非常漂亮，一看文章署名，才知是秦观所做。小妹便提笔批语说："今日聪明秀才，他年风流学士。可惜二苏同时，不然横行一世。"

苏洵看了此批语，知道女儿相中了秦观，于是吩咐门卫说："等秦观来了，速速请他进来见我。"谁知众人呈送文章后，都来等候消息，唯独秦观不来。

秦观是扬州府高邮人，他饱读诗书，目空一切，却最敬服苏轼兄弟，其余的都没放在眼里。他因为爱慕苏小妹才名，呈文求亲，但是又害怕损了自己的名誉，所以没有随别人一起去询问消息。苏洵见秦观迟迟不来，就请人去秦家向秦观说明了意思。秦观心中暗喜，但是他又想："苏小妹虽然有才名，但是没有当面领教过。还有她的容貌，听说是额头凸出，眼睛凹进，不知到底是什么模样？我要想个办法见一下她，这样才更放心一些。"后来，他打听到苏小妹要去岳庙烧香，于是准备趁这个机会去看个究竟。

大户人家的女眷入庙进香，不是早上去，便是晚上去，因为早晨和晚上人都比较少。秦观把自己打扮成一个远游道士的模样，很早就来到东岳庙前等候。天刚亮，苏小妹的轿子便到了。苏小妹进殿上香时，秦观已经完全看清了她的长相，虽然不是特别妖娆美丽，但也还清雅秀气。秦观还想试试她的文才。估计她焚香快完了，他也进了大殿。两人相遇，秦观说："小姐有福有寿，愿发慈悲。"苏小妹回答："道人何德何能，敢求布施？"秦观说："愿小姐身如药树，百病不生。"小妹回答说："即便你口吐莲花，好话说尽，我也半文不给。"秦观又说："小娘子一天欢喜，何必放着宝山不要？"苏小妹随口回答："疯道人平白无故这样贪心，哪里有金钱随身！"秦观口中说："'疯道人'匹配'小娘子'，万分荣幸。"苏小妹已经离开，这话被跟随的老仆人听见了，怪这道人放肆，刚想转身回去找道人麻烦，只见走来一个小书童对那道人说："相公这里来更衣。"那道人便往前走。老仆人叫住小书童问："前面是哪个相公？"小书童回答："是高邮秦少游相公。"老仆人回到家里，便把这事告诉了身边的人。这件事很快就在下人中传开了。苏小妹才知道那化缘的道人就是秦观乔装的，随后付之一笑，嘱咐丫鬟不许再说。

秦观看清了苏小妹的长相，也试了她的才华，于是择了吉日，亲自前往求亲，苏洵也答应了这门亲事。秦观想快速完婚，但是苏小妹不同意，她认定秦观肯定能考中进士，如今考试日期已近，他只有榜上有名才能洞房花烛。不久，秦观果然一举考中。他到苏府来拜见丈人，并提起完婚的事。秦观因为家中无人，想借苏府结婚。苏洵笑着说："今日你考中，是大吉大利的日子，不用另选吉日了，今天晚上在我府上成亲，这不是很好吗？"苏轼在一旁表示赞成。这天晚上，秦观和苏小妹双双拜堂，成就了百年姻缘。

成亲当晚，秦观在前厅应酬完，就回了房，只见房门紧闭，庭中摆有一张小桌子，桌上摆着纸墨笔砚，三个纸封，三个盏，一个是玉盏，一个是银盏，一个是瓦盏。一个丫鬟守在这里。秦观对丫鬟说："请你告诉小姐，新郎已到，为什么还不开门？"丫鬟说："奉小姐之命守在此处，这里有三个题目，都答对了，才能进入洞房。纸封里装有题目。"秦观指着三个盏，问："这是什么意思？"丫鬟说："玉盏是盛酒的，银盏是盛茶的，瓦盏是盛水的。三试都过关了，饮用玉盏内的美酒，请进洞房；两试过关，一试不过，就只能喝银盏里的茶解渴，等到明晚再试；一试过关，两试不过，就喝瓦盏里的水，然后在外面的厢房读三个月的书。"秦观听了，冷笑道："我刚考过进士，文章篇篇都好，莫说三个题目，就是有三百个题目，我也不怕。"丫鬟笑着说："我家小姐出的题好难呢！第一题是绝句一首，要新郎也作一首，合了出题之意，才算答对；第二题是四句诗，藏有四个古人，猜得一个也不差，才算答对；第三题，只要对出对子就可以了。"秦观说："那就开始吧！"丫鬟取来第一个纸封拆开，请秦观看，只见这封花笺上写有四句诗："铜铁投洪冶，螟蚁上粉墙。阴阳无二义，天地我中央。"

秦观心想："别人肯定猜不出这个题目。我曾装作道人在岳庙化缘，去看苏小姐，这四句诗明明是在嘲笑我。"于是，他提笔写下一首诗："化工何意把春催？缘到名园花自开。道是东风原有主，人人不敢上花台。"

丫鬟把秦观写好的诗从窗缝中塞进，然后对苏小妹说："新郎已经答完第一题了。"苏小妹在屋里拿到诗，展开一看，每句诗头一字合起来便是"化缘道人"，心中很满意。

丫鬟又给了秦观第二题。他打开一看，是四句诗："强爷胜祖有施为，凿壁偷光夜读书。缝线路中常忆母，老翁终日倚门闾。"

秦观不假思索就写出了答案，依次为孙权、孔明、子思、太公望。丫鬟又从窗缝塞进去答案。此时，秦观心里却在想："前面两个题目这么容易，难我不倒；第三题是对对联，我五六岁时便会对句，这怎么能难倒我呢？"于是就打开了第三题，上联是："闭门推出窗前月。"

秦观初一看这个上联觉得容易，可是仔细一想，要对出巧妙的下联，却不是那么容易的。他左思右想，仍然对不上来。听到三更鼓响，还构思不出，他更加慌了。这个时候，苏轼还没有睡，他深知小妹的脾性，便出来打听妹夫的消息，只见妹夫还在庭中徘徊，口里念着"闭门推出窗前月"，右手作推窗之势。苏东坡心想："这一定是小妹出的上联为难他，我不帮他，谁来帮他。"于是，苏轼也急忙思考下联，他抬眼看到庭中有一堆花缸，盛满了清水，秦观正好走到缸边看水。苏轼有了灵感，想要去告诉妹夫怎么对，但又怕小妹知道，有伤妹夫体面。苏轼站在远处，俯身在地上捡一砖片，投向缸中，溅起到水正好扑在秦观的脸上。秦观立马领悟，提笔写下："投石冲开水底天。"

丫鬟交了第三题的答案，很快房门就开了，一个侍女从里面走出来，手捧银壶，将美酒斟于玉盏之内，献给新郎，口称："才子请满饮三杯。权当花红赏劳。"秦观连饮三杯，丫鬟才把他送入洞房。

从此以后，秦观与苏小妹夫妻和睦。后来，秦观到浙江任职，苏轼在京，苏小妹思念哥哥，便回到京城探亲。苏轼有个禅友，叫佛印禅师，正值苏轼被贬，他便寄了长诗一首给苏轼。他的诗写得很是怪异，每两个字一连，共一百三十对字：

野野鸟鸟啼啼时时有有思思春春气气桃桃花花发发满满

枝枝莺莺雀雀相相呼呼唤唤岩岩畔畔花花红红似似锦锦

屏屏堪堪看看山山秀秀丽丽山山前前烟烟雾雾起起清清

浮浮浪浪促促潺潺湲湲水水景景幽幽深深处处

好好追追游游傍傍水水花花似似雪雪梨梨花花光光皎皎

洁洁玲玲珑珑似似坠坠银银花花折折最最好好柔柔茸茸

溪溪畔畔草草青青双双蝴蝴蝶蝶飞飞来来到到落落花花

林林里里鸟鸟啼啼叫叫不不休休为为忆忆春春光光好好

杨杨柳柳枝枝头头春春色色秀秀时时常常共共饮饮春春

浓浓酒酒似似醉醉闲闲行行春春色色里里相相逢逢竞竞

忆忆游游山山水水心心息息悠悠归归去去来来休休役役

苏东坡看了好几遍，也没念出来。苏小妹拿过来，看了一遍，便对苏轼说："这诗有什么难的，我来念给你听。"说完便念了起来：

野鸟啼，野鸟啼时时有思。

有思春气桃花发，春气桃花发满枝。

满枝莺雀相呼唤，莺雀相呼唤岩畔。

岩畔花红似锦屏，花红似锦屏堪看。

堪看山山秀丽，秀丽山前烟雾起。

山前烟雾起清浮，清浮浪促潺湲水。

浪促潺湲水景幽，景幽深处好，深处好追游。

追游傍水花，傍水花似雪。

似雪梨花光皎洁，梨花光皎洁玲珑。

玲珑似坠银花折，似坠银花折最好。

最好柔茸溪畔草，柔茸溪畔草青青。

双双蝴蝶飞来到，蝴蝶飞来到落花。

落花林里鸟啼叫，林里鸟啼叫不休。

不休为忆春光好，为忆春光好杨柳。

杨柳枝枝春色秀，春色秀时常共饮。

时常共饮春浓酒，春浓酒似醉。

似醉闲行春色里，闲行春色里相逢。

相逢竞忆游山水，竞忆游山水心息。

心息悠悠归去来，归去来休休役役。

苏轼听完，惊喜地说："小妹果然聪敏颖悟，比哥哥我都强。你如果是男子，官位一定比我高。"他将佛印原写的长歌和苏小妹的断句，都写了出来，寄给了秦观。秦观初看佛印所写的这首长诗，也不能理解，后来读了妻子的解说，才恍然大悟，也觉得自己不及妻子。于是，秦观写信给小妹：

未及梵僧歌，词重而意复。字字如联珠，行行如贯玉。

想汝惟一览，顾我劳三复。裁诗思远寄，因以真类触。

汝其审思之，可表予心曲。

后来，苏小妹比秦观先去世，秦观思念不已，便没再娶其他的女人。这些有关苏小妹的故事，总是为人们所津津乐道，但是到底有没有苏小妹这个人，后世却是存在一些质疑。

根据苏洵《自尤》一诗记载，苏洵的小女叫八娘，她的年龄比苏轼还大一岁，故为苏轼之姐而非苏轼之妹；历史上秦观之妻也不是苏小妹，秦观在《徐君主簿行状》中写道："（徐成甫）女三人，曰文美、文英、文柔……以文美妻余。"秦观的妻子是徐文美。《辞海》载："苏小妹，文学故事人物。相传为苏老泉（洵）女，东坡（轼）之妹。与秦少游新婚之夜，故意以诗歌、联语试少游才情，后由苏东坡暗助，少游始得完眷……"所以，苏小妹的故事都是民间杜撰出来的。

苏洵的女儿苏八娘的婚姻，并不是才子佳人之配，而是一出悲剧。据苏洵《自尤》记载，苏八娘嫁给了自己的表兄，此人姓程。她婚后一年，生有一子，不幸染病，而程家不给她医治，苏洵就接她回娘家调养。程家却又以其"不归觐"为由，夺其子，致其病情加重而亡。与民间故事中相符的只有一点，就是这位苏八娘被父亲苏洵夸赞"幻而好学，慷慨有过人之节，为文亦往往有可喜"，她的确是一位才女。但是这样的女子同样难逃封建社会妇女的悲剧命运，实在令人扼腕叹息。

苏小妹的故事、诗联在民间流传了很久，民间已赋予了她生命，而她的传说，也将永久地被传颂下去。

卓然词家一大宗——李清照

李清照生于一个士大夫的家庭，她的父亲李格非进士出身，官至提点刑狱、礼部员外郎，地位并不算低，还是学者兼文学家。她的母亲也是名门闺秀，善文学。李清照自幼生活在文学氛围十分浓厚的家庭里，耳濡目染，家学熏陶，加之聪慧颖悟，才华过人，所以"自少年便有诗名，才力华赡，逼近前辈"。而文学艺术的熏陶，又让她能更深切细微地感知生活。

李清照少年时随父亲生活在东京。李清照并没有按常规初识文字，娴熟针绣，然后就等待出嫁。她饱览了父亲的所有藏书，文化的汁液将她浇灌得不但外美如花，而且内秀如竹。优雅的生活环境，特别是京都的繁华景象，激发了李清照的创作热情，除了作诗，她开始在词坛上崭露头角。

"苏门四学士"之一的张耒，看过《大唐中兴颂》石碑后，写了一首诗感叹："天遣二子传将来，高山十丈摩苍崖。谁持此碑入我室，使我一见昏眸开。"李清照听说了这首诗后，随即和了一首诗："五十年功如电扫，华清花柳咸阳草。五坊供奉斗鸡儿，酒肉堆中不知老。胡兵忽自天上来，逆胡亦是奸雄才。勤政楼前走胡马，珠翠踏尽香尘埃。何为出战辄披靡，传置荔枝多马死。尧功舜德本如天，安用区区纪文字。著碑铭德真陋哉，乃令神鬼磨山崖。"她在这首诗中品评功过、慨叹世事。父亲李格非见到此诗不觉一惊，此诗传到外面后更是引起一番盛赞。

建中靖国元年（1101年），十八岁的李清照嫁给了太学生赵明诚。此后，他们过了近三十年志同道合、亲密相处的幸福生活，直至赵明诚病故。关于两人的结合，还流传着一个"昼寝梦读"的故事。

赵明诚还没有娶妻的时候，曾在白天做了个梦。他在梦中读书入神，醒来只记住了三句话："言与司合，安上已脱，芝芙草拔。"他把这个梦告诉了父亲。他的父亲解释道："你将来会娶到一位能写文填词的妻子。'言与司合'是'词'字，'安上已脱'是'女'字，'芝芙草拔'是'之夫'二字，这就是说你是词女的丈夫。"后来，赵明诚娶了李清照。李清照果然自幼爱好文学，很小的时候就在父母的熏陶下会写诗文，尤以诗词见长。

这段饶有情趣的故事，给李清照、赵明诚的婚姻增添了一个光环。他们的爱情不是那种经历千难万阻、要死要活之后才享受到的甜蜜，而是一开始就掉进了蜜罐里。在不能自由恋爱，要靠媒妁之言、父母之意结婚的封建时代，他俩能有这样的爱情，真是万分难得！李清照和赵明诚两人志趣相投，都喜爱唱和诗词与搜集、鉴赏金石字画。赵明诚在忙完公事之后，收集研究金石书画，妻子则和他一起学习。后来，赵明诚编写了一本《金石录》，李清照还写了序言——《金石录后序》，十分生动地记录了他们的家庭生活：在故乡诸诚十余年的乡居生活中，他们生活安定，"仰取俯拾，衣食有余"；他们两人一起搜集金石刻辞、古物和字画，每得到一种珍品，就一起把玩并且指出其中的瑕疵，每夜都要到一支蜡烛燃尽才罢休。这些搜集来的书画等物收藏在归来堂，在他们的归来堂里，各种书画"罗列枕藉"；每到吃罢晚饭，他俩就玩一种"翻书赌茶"的游戏，他们一边烹茶，一边指点着堆积的古书，说某句话在某书某卷第几页第几行，以说对与否来决定胜负，谁先胜谁先饮茶。李清照因为资质聪颖，往往是一猜就中，很快就把茶喝光了。

在这种夫唱妇和的日子里，李清照在闲暇的时候也创作诗词。李清照的才华胜赵明诚一筹，她常常很快就写好了诗词，而赵明诚还在苦苦思索。每到降雪的时候，夫妻二人便一起踏雪，豪情雅兴颇高。李清照作词时，都要邀请丈夫相和，赵明诚对此叫苦不迭。

一年的重阳节，李清照非常思念在外的丈夫，加上天气转凉，自己在家更觉凄清，于是填了一首《醉花阴·薄雾浓云愁永昼》："薄雾浓云愁永昼，瑞脑销金兽。佳节又重阳，玉枕纱厨，半夜凉初透。东篱把酒黄昏后，有暗香盈袖。莫道不销魂，帘卷西风，人比黄花瘦。"

李清照在这首词中，用人比菊花瘦来说明自己的相思苦，整首词委婉含蓄地表达了自己的一片深情。赵明诚读了此词之后，感慨万分，他在好胜心的驱使下，想同妻子比一比高低。于是，他闭门谢客，废寝忘食地写了三天三夜，一口气写出五十首词。他把这五十首词和李清照的《醉花阴·薄雾浓云愁永昼》一起，送到自己的好友、有很高诗词素养的陆德夫家里，请他来鉴赏、评定。陆德夫反复吟咏、再三揣摩，挑出三句："只三句绝佳。"赵明诚忙问哪三句，陆德夫答道："莫道不销魂，帘卷西风，人比黄花瘦。"这正是李清照所作。

就在李清照和丈夫如胶似漆之时，北宋遭遇了空前的危机，金人带兵攻入都城东京，还掠走了徽、钦二帝，人们匆匆南逃。李清照在山东青州的家，也因为战乱而被毁，一家人开始过漂泊无定的生活。南渡第二年，赵明诚被任为江宁的知府。一天深夜，江宁城里发生叛乱，身为地方长官的赵明诚没有身先士卒指挥平乱，而是偷偷用绳子溜到城外逃走。事后，赵明诚被朝廷撤职。然后，夫妇二人沿长江而上向江西方向行去，一路难免有点别扭。当行至乌江镇时，李清照得知这就是当年项羽兵败自刎之处，不觉心潮起伏，面对浩浩江面，吟下了这首千古绝唱："生当作人杰，死亦为鬼雄。至今思项羽，不肯过江东。"

丈夫听到这首诗后，面有愧色。第二年，赵明诚又被召回京城，官复原职，但是他不久就得了急病而死。赵明诚死后，李清照居无定所，不久嫁给了张汝舟。张汝舟刚开始的时候，还表现得像个彬彬有礼的君子，将李清照照顾得很好。但是，他很快就露出原形，他娶李清照的目的是想占有她身边尚存的文物。李清照视这些东西如命，而且《金石录》也还没有整理成书，当然不能失去这些东西。两人在文物支配权上闹了矛盾，渐渐发现彼此志向情趣大异，真正是同床异梦。张汝舟因为不能支配李清照而恼羞成怒，最后对她拳脚相加。李清因此怒火中烧，决定告发张汝舟的欺君之罪。

原来，张汝舟娶了李清照后十分得意，就将自己科举考试作弊的事拿出来夸耀。李清照知道只有将张汝舟告倒，自己才能脱离他。但是，依据当时宋朝的法律，妻子告丈夫，无论输赢，都要坐牢两年。李清照这次是铁了心了，她宁肯受皮肉之苦，也不想受张汝舟的奴役。她在给友人的信中说："猥以桑榆之晚景，配兹驵侩之下材。"意思就是自己宁可坐牢，也不肯与"驵侩"张汝舟为伴。这场官司的结果是张汝舟被发配到柳州，李清照入狱。因为李清照的名声太大，当时又有许多人关注此事，再加上朝中友人帮忙，她只坐了九天牢便被释放了。李清照甩掉了张汝舟，便全身心地投入到编写《金石录》的工作中。

因为生活中的种种困苦，这一时期李清照的词充满了"物是人非事事休"的伤情，大多词都表达了她对故国、旧事的眷恋。如《声声慢·寻寻觅觅》开始部分表现词人"寻寻觅觅"，又无所寄托的失落感，以及在"冷冷清清，凄凄惨惨戚戚"中独自伤心。后半部分，触景生情、悲秋自怜："满地黄花堆积，憔悴损，如今有谁堪摘？守着窗儿，独自怎生得黑？梧桐更兼细雨，到黄昏、点点滴滴。这次第，怎一个愁字了得。"

全词语言明白，节奏急促，情调凄婉。她的另一首词《永遇乐·落日熔金》，是因为元宵佳节引起感伤，追怀往事："中州盛日，闺门多暇，记得偏重三五。铺翠冠儿，撚金雪柳，簇带争济楚。如今憔悴，风鬟霜鬓，怕见夜间出去。不如向、帘儿底下，听人笑语。"

全词流露出对国家变故、昔乐今哀的深切悲痛之情。据说，宋末元初的词人刘晨翁读到此词，不禁"为之泪下"。

李清照在我国古代的文坛女性中，显得格外耀眼夺目。李清照的词的风格一般被人们分为两个时期，前期主要词作都写在她与赵明诚婚后，格调活泼明快；自从赵明诚去世，李清照南渡后，她的词作格调才转向沉郁忧伤。她的词独具风貌，被后人称为"易安体"。王灼曾说："易安居士自少年便有诗名，才力华赡，逼近前辈，在士大夫中已不多得。若本朝妇人，当推文采第一。"明清时期，文人更是推崇李清照。李调元说："易安在宋诸媛中，自卓然一家。"又说，"不徒俯视巾帼，直欲压倒须眉。"可见，李清照的艺术成就，不仅胜过和她同时代的女词人，就是那些负一代词名的男词人，她也足够与之分庭抗礼。后来，李清照被尊为婉约宗主，成为中华诗词史上的一座丰碑，也就不足为奇了。

一代侠妓，不让须眉的柳如是

柳如是是明清易代之际的著名歌妓才女。她本名杨爱，因读辛弃疾词"我见青山多妩媚，料青山见我应如是"，故自号如是。她个性坚强，聪慧好学，魄力奇伟，声名不亚于李香君、卞玉京和顾眉生。

由于家贫，柳如是幼年被卖到盛泽归家院名妓徐佛家，受徐佛教养。年纪稍长时，易名柳隐，在乱世风尘中往来于江浙金陵之间。由于她美艳绝代，才气过人，遂成秦淮名妓。柳如是留下了不少颇有文采的诗文，如《湖上草》《戊寅卓》等。

柳如是曾与南明复社领袖张缚、陈子龙交好。她与陈子龙更是情投意合，但是迫于封建礼教，双方只能长居松江南楼，赋诗作对，互相唱和。可惜南楼唱和的美景不长，陈子龙原配张氏带人闹上南楼，柳如是不甘受辱，毅然选择离去。虽然如此，陈子龙对柳如是仍不死心，后来陈子龙在抗清起义中不幸战败而死。

柳氏择婿要求很高，许多名士求婚她都看不中，大多数只停留在友谊阶段。崇祯十四年（1641年），她嫁给了年过半百的东林党领袖、文名颇著的大官僚钱谦益。

崇祯十三年（1640年），曾任朝廷礼部侍郎的钱谦益回乡。他居住的"半野堂"门前特别冷清，好久不曾有友人来访了，正可谓门可罗雀。在一个普通的午后，钱谦益坐在书房中打盹，忽然家人进来禀报：

"老爷，有客人来访！"家人把拜帖放到了书桌上。钱谦益拿过拜帖一看，上面写着："晚生柳儒士叩拜钱学士。""柳儒士？这名字似乎未曾听说过，是谁呢？"他想，也许是慕名前来造访的无名晚辈吧，如今反正闲居无事，有个人聊聊也算是一种消遣。钱谦益来了精神，他让家人有请来客。

等钱谦益慢条斯理地踱进客厅，来客已站在客厅里，正昂着头欣赏墙上的字画。客人听到脚步声，连忙转过身来，朝钱谦益深深一揖，恭恭敬敬地称礼道："晚生见过钱学士，冒昧造访，还望见谅！"钱谦益仔细打量着来客，一身富家书生的打扮，但他的身材却异常的娇小，似乎缺少一种男子的阳刚之气，面貌清秀有余而刚健不足。钱谦益总觉得这个人有几分面熟，可思前想后，始终想不起是在哪里见过，只得拱拱手，满脸疑惑。来客看着钱谦益若有所思的神态，似乎猜中了主人在想什么，但是也不做什么自我解释，只是吟出一首诗："草衣家住断桥东，好句清如湖上风。近日西泠夸柳隐，桃花得气美人中。"

钱谦益听罢了诗，才猛地想起她是谁。他热情地说道："没想到啊！柳姑娘光临寒舍，有失远迎，罪过！罪过！"钱谦益请"柳姑娘"落座，命侍婢上茶奉酒，说是要为柳姑娘驱寒消疲。这个女扮男装的柳姑娘就是一代名妓柳如是。两年前，两人曾经有过一段交情。之后，钱谦益时时想起这位才貌不俗的姑娘，不想她今天竟然亲自上门来了。

崇祯十一年（1638年），钱谦益任礼部侍郎之职，结果被人揭露贿赂上司，因此受了廷杖之责，还被免去了官职，只能返回原籍常熟。此时的钱谦益已五十七岁了，突遭巨变，心境黯淡悲凉。他回老家的路上途经杭州，便前往西湖荡舟闲游，排遣愁怀，疲倦时便落脚在杭州名妓草衣道人家中。当时，柳如是也客居杭州，并且是草衣道人门上的常客。她游湖时即兴作了一首小诗，并将它搁在了草衣道人的客厅里。钱谦益无意中发现了那首诗："垂杨小宛绣帘东，莺花残枝蝶趁风；最是西泠寒食路，桃花得气美人中。"

已经是诗词大家的钱谦益看完后，不由得击节称赞。草衣道人看在眼中，心领神会，立即对他说："大人，要不明天请柳姑娘一同游湖？"爱才如命的钱谦益自然求之不得。第二天，草衣道人请来了柳如是，三个人一起游西湖。柳如是长得娇小玲珑，一双黑白分明的大眼睛嵌在俊秀的脸蛋上，显得分外动人。这般小巧的可人儿，腹内竟藏着锦绣诗情，钱谦益立即生出一份怜爱之情。柳如是个性开朗，虽是与鼎鼎有名的钱谦益第一次相见，但是一点不拘束，谈诗论景，随心所欲。那活泼可爱的神情，使钱谦益暂时忘却了心中的抑郁，感觉自己也变得年轻起来，一时兴起，竟一口气吟了十六首绝句，以表示对柳如是的倾慕之情。

西湖一别之后，钱谦益没想到柳如是会跑到常熟来看他。今天的柳如是女扮男装，倍显俊俏，给了他一份额外的惊喜。一番寒暄问候之后，钱谦益留柳如是在"半野堂"住一段时间。柳如是欣然应允，似乎她就是抱着这个打算来的。原来，当时正有一个名富翁对柳如是死缠烂打，她为了躲避这个人，也为了给自己找一个依靠，才来到了"半野堂"。

寂静的"半野堂"开始变得热闹了，经常传出笑声。钱谦益与柳如是两人一同踏雪赏梅、寒舟垂钓，相处得十分和谐。钱谦益为了感谢柳如是，命人在附近为柳如是修建了一个小楼。他亲临现场督工，仅十天时间，一座精美典雅的小楼就建成了。钱谦益根据《金刚经》中的"如是我闻"，将小楼命名为"我闻室"，以暗合柳如是的名字。小楼落成之日，他还特地写了一首诗："清樽细雨不知愁，鹤引遥空风下楼。红烛恍如花月夜，绿窗还似木兰舟。曲中杨柳齐舒眼，诗里芙蓉亦并头。今夕梅魂共谁语？任他疏影蘸寒流。"

钱谦益的一片深情，让柳如是感动不已。她虽然有千人万人捧着，但都是逢场作戏，没有几个人对她付出真情。钱谦益虽是花甲老人，可那份浓浓情意比少年公子还要纯真。柳如是在感动之余，回赠了钱谦益一首诗："裁红晕碧泪漫漫，南国春来正薄寒。此去柳花如梦里，向来烟月是愁端。画堂消息何人晓，翠帐容颜独自看。珍贵君家兰桂室，东风取次一凭栏。"

钱谦益带着柳如是徜徉于山水间。湖上泛舟，月下赏山，诗酒做伴，两个人的日子过得像神仙一般。这一时期，柳如是曾几次表露出以身相许的意思，钱谦益每次都会激动一阵，然后再避开这个话题。因为钱谦益有自己的顾虑：两人年龄悬殊太大，柳如是才二十几岁，比自己小了三十来岁；自己是一个罪臣，前途无望，不能耽搁了人家姑娘的前程！虽然钱谦益迟迟不肯接纳柳如是，但是心中却又一刻也舍不下她。柳如是则有自己的想法：她遇到了很多多才多情的公子，可是没有几个真正关心体贴自己。钱学士的诗词享誉一方，虽然年纪大了一些，可是为人有情有趣，对她很关照。与他在一起，她觉得生活是那么安稳恬静、有滋有味。

柳如是很冷静，她没有沉迷于新恋情里。后来，她离开钱谦益，两人相约着游览西湖。但是，她到了苏州就病倒了，在鸳湖与钱谦益分手，独自回到松江。柳如是是一个极聪明的女子，此番抽身而去，就是给钱谦益主动的机会。钱谦益从杭州归来，柳如是却未如约而至，他急得四处托人说项，其中包括柳如是的蓝颜知己汪然明。汪然明和柳如是关系很好，并且一直为柳如是的终身大事操心，现在看到有这么一个好结果，自然乐于成全。于是，在大伙儿的帮助下，柳如是允下这桩姻缘，数年奔波，总算了有了一个好的归宿。

崇祯十四年（1641年）夏，钱谦益以娶妻之礼迎娶柳如是，此时他的原配还健在。钱谦益租了一只宽大华丽的芙蓉舫，在舫中摆下丰盛的酒宴，请来多位好友，一同荡舟于松江波涛之中。舫上还有乐伎，在热闹悠扬的箫鼓声中，钱谦益与柳如是拜了天地，正式成婚。但是，当时有不少人反对这门亲事，甚至有人在婚礼当天守在岸边，向他们的婚船上扔石头。但是，别人的所有反对都没有影响两人的情致。

钱谦益和柳如是婚后，一起游名山秀水，杭州、苏州、扬州、南京、黄山，处处留下他们相偎相依的身影。柳如是曾问丈夫爱她什么，钱谦益说："爱你白的面、黑的发啊！"钱谦益反问柳如是爱他什么，她说："爱你白的发、黑的面啊！"这话被侍女听到，很快传了出去，一时成为美谈。钱谦益和柳如是一番游历之后，都特别钟情杭州西湖的风光，于是在西湖畔修筑了一座"绛云楼"。绛云楼雕梁画栋，极其富丽堂皇，钱谦益为了修建它，将自己珍藏多年的一套绝版藏书都卖了。他们夫妻俩安居于西子湖畔，日日欣赏西湖上的朝霞夕雨。

此后，明末起义遍起，李自成率领起义军攻入北京，崇祯帝自缢。接着，清军又占领了北京。明朝遗臣在江南谋划着拥立新君，马士英推崇福王朱由崧，钱谦益则拥护潞王朱常淓，最后福王得势做了弘光皇帝。柳如是支持钱谦益去新朝廷，弘光皇帝任命他为礼部尚书，虽是空衔，却让他觉得安稳而风光。不久，清军攻破了南京，为时一年的弘光朝廷宣告结束。作为旧朝遗臣，又是影响颇大的名士，钱谦益引起了清朝统治者的注意。

钱谦益面临着命运的选择。柳如是目睹了清兵破城、扫荡江南的种种惨象，内心十分不满，既然现在已是清朝的天下，她劝钱谦益以死全节，表示忠贞之心。钱谦益思索再三，同意了柳如是的建议，两人说好了一起跳西湖自尽。一天晚上，钱谦益与柳如是驾了一叶小舟，进入西湖。船上摆着几样菜肴和一壶酒，柳如是斟好酒，端一杯给丈夫，自己举杯一饮而尽，然后说："妾身得以与钱君相识相知，此生已足矣，今夜又得与君同死，死而无憾！"钱谦益受她的感染，也一脸的豪气。柳如是拉着钱谦益的手，平静地说："我们一起跳下去吧！"钱谦益伸手摸了摸水，对柳如是说："水太凉，我不能下水，改日再来。"柳如是知道他贪生怕死，于是准备自己跳下去，结果被钱谦益死死拽住。最后，两个人紧紧偎在一起，一直坐到天亮。第二天，柳如是对钱谦益说："隐居世外，不事清廷，也算对得起故朝了。"钱谦益点头表示赞同。

几天后，钱谦益从外面回来，柳如是发现他竟剃掉了额发，把脑后的头发梳成了辫子，原来他已经向清朝投降了。柳如是气愤得说不出话来，钱谦益却一副很舒服的样子。柳如是气得冲回了卧室。钱谦益不但剃了发，甚至还答应了做清朝的礼部侍郎兼翰林学士。柳如是百般劝说无济于事。钱谦益临行前夕，正逢中秋佳节，柳如是吟了一首诗给钱谦益："素瑟清樽迥不愁，桅楼云雾似妆楼。夫君本志期安桨，贱妾宁辞学归舟。烛下鸟笼看拂枕，风前鹦鹉唤梳头。可怜明月三五夜，度曲吹箫向碧流。"

柳如是想用柔情挽留住丈夫，可钱谦益已动功名之心，一下子哪里收得回来。她只得亲自送别丈夫，让其前往京城。钱谦益到京城后，远在西湖畔独居的柳如是接二连三地写来书信，一面倾诉相思之苦，一面劝他急流勇退，与她一起过隐居生活。慢慢地，钱谦益动了心。最终他下定了决心，向朝廷托病辞官，很快便获得了应允。

钱谦益再度回乡，到西湖边与柳如是开始过隐居的生活，柳如是还生下了一个女儿。钱谦益老年得一千金，喜不胜收，更加醉心于平淡而欢乐的家庭生活。然而就在这一年，一场飞来横祸落在了钱谦益的头上。他的门生黄毓琪因写诗讽刺清廷入狱，事情还牵连到钱谦益身上，他被总督衙门捕入了大牢。丈夫的性命危在旦夕，柳如是冒死上书总督府，要求代夫受刑。同时，她又变卖家产，四处托人求情。总督府最终查证钱谦益确无乱上之举，便将他放了出来。钱谦益有惊无险地度过了这场劫难，对柳如是更加敬重。

康熙三年（1664年），钱谦益病死于杭州。丈夫死后，柳如是受到钱氏家族的排斥。为了争夺家产，族人经常聚众来到钱谦益家里，与她纠缠不休。柳如是对这些人只是淡淡地说："你们先等等看，我要清理一下账目。"最终，柳如是为了保护钱谦益家产业，悬梁自尽了。一代风流奇女，就这样香消玉殒了。柳如是死后，钱家人并没有因为她保护了财产而感恩戴德，他们也未将她与钱谦益合葬，反而把她逐出钱家坟地。柳如是最终被葬在虞山脚下，那是一座孤坟，墓前石碑只一米多一点，上面刻有：河东君（柳如是曾自号河东君）。而几百步以外，就是钱谦益与原配夫人的合葬墓。

陈寅恪把柳如是誉为"女侠名姝""文宗国士"，认为她虽然是"婉娈倚门之少女，绸缪鼓瑟之小妇"，其事迹却令人"感泣不能自己"。后来，还有学者以"洞识大体"评价柳如是："河东君能够在才人荟萃的江南佳丽之地得以立足，并为当时的胜流所赏识、尊崇和引为知己，自然不只是因为其聪灵貌美，慧心多艺，以及诗学造诣的深浅，同时还由于她果敢有为、洞识大体、具有政治抱负……"

第六章　隐逸篇

中国文人的"隐逸之宗"陶渊明

　　陶渊明是东晋时期的一位非常著名的诗人，被尊称为隐逸诗人之宗，他开创了田园文学这一潮流。陶渊明的诗文充满了田园气息，他的名士风范和对简朴生活的热爱，影响了后世的很多文人，乃至整个中国文化都深受其影响。

　　陶渊明，又叫陶潜，他的曾祖父是东晋名将陶侃。陶侃虽然做过大官，但不是士族大地主。陶渊明出生的时候，他的家境还算不错。陶渊明八岁时，他的父亲去世，家道逐渐没落。陶渊明从小喜欢读书，但是无意仕途，家里穷得都揭不开锅了，他还是照样读书作诗，自得其乐。他的家门前有五株柳树，他便给自己起了个别号——五柳先生。

　　到了陶渊明二十岁时，家境尤其贫困，他靠自己耕种田地，也养不活一家老少。亲戚朋友劝他出去谋一官半职，他也只好答应了。当地官员听说陶渊明是名将后代，又有文才，就推荐他在刘裕手下做了个参军。但是，没过多少日子，他就看出当时的官员互相倾轧，心里很厌烦，便要求出去做个地方官。上司就把他派到彭泽当县令。在东晋时期，县令的官俸不高。陶渊明一不会搜刮，二不懂贪污，日子过得并不富裕，但是比起他在家种田，还是要好一些。而且，他觉得留在一个小县城里，没有什么官场应酬，还比较自在。

　　一天，郡里派了一名督邮到彭泽视察。县里的小吏听到这个消息，连忙向陶渊明禀告。陶渊明正在内室看书，一听到来了督邮，觉得十分扫兴，只好勉强放下诗卷，准备跟小吏一起去见督邮。小吏见陶渊明身上穿的还是便服，吃惊地说："督邮来了，您该换上官服，束上带子去拜见才好，怎么能穿着便服去呢！"陶渊明一直看不惯那些依官势作威作福的人，一听小吏说还要穿官服行拜见礼，更受不了这种屈辱。于是，他说："我可不愿为了这五斗米官俸，去向他打躬作揖！"陶渊明索性不去见督邮了，他把身上的印绶解下来交给小吏，辞职不干了。

陶渊明回到柴桑老家，觉得乱糟糟的官场跟自己的志趣、理想离得太远了。从那以后，他决定隐居过日子，空下来就写一些诗歌文章，来抒发自己的心情。不久，郡里又召他做主簿，他辞却了此事，依旧在家闲居。

陶渊明写过一篇非常有名的文章，叫作《桃花源记》。在那篇文章里，他写了这样一个故事：

东晋太元年间，有个武陵人以捕鱼为职业。有一天他顺着溪水划船而行，忘记了路程的远近。忽然遇到一片桃花林，桃树夹着溪流两岸，几百步之内，中间没有别的树，地上香草鲜艳美丽，坠落的花瓣繁多交杂。渔人很惊异这种美景。他继续往前走，想走完那片桃林。

桃林在溪水发源的地方就没有了，紧接着就看见一座山，山上有个小洞口，里面好像有光亮。渔人丢下小船，从洞口进去。开始洞口很窄，仅容一个人通过。又走了几十走，突然变得开阔敞亮了。这里土地平坦开阔，房屋整整齐齐，有肥沃的田地，美丽的池塘和桑树、竹子之类的植物。田间小路交错相通，村落间能听到鸡鸣狗叫的声音。那里面的人们来来往往耕田劳作，男女的穿戴完全像桃花源以外的世人。老人和小孩都悠闲愉快，自得其乐。

桃源中人看见渔人，感到很惊奇，问渔人从哪里来。（渔人）详尽地回答了。这里的人邀请渔人到自己家里去，摆酒、杀鸡来款待他。村子里的人听说有这样一个人，都来打听消息。他们说他们的祖先为了躲避秦朝时候的祸乱，带领妻子儿女和同乡人来到这与世隔绝的地方，没有再从这里出去过，于是和桃花源以外的世人隔绝了。他们问渔人现在是什么朝代。他们竟不知道有过汉朝，更不必说魏晋。渔人为他们详细说出自己知道的情况，那些人听罢都感叹惋惜。其他的人各自又邀请渔人到自己的家中，都拿出酒和饭菜来招待。渔人住了几天，告辞离去。这里的人告诉他：这里的情况不值得对桃花源以外的世人说啊。

渔人出来后，找到了自己的船，就沿着旧路回去，一路上处处做了标记。回到郡里，他去拜见太守，报告了这些情况。太守立即派人跟着他前去，寻找先前做的标记，没想到竟迷失了方向，后来再也找不到原来的路了。

南阳刘子骥，是个高尚的名士。他听到这件事，高高兴兴地计划前往，但没有实现。不久他就病死了。后来就没有探访的人了。

陶渊明写的这个世外桃源，在古代社会是不存在的。但是，他在文章里描绘的那种人人劳动，个个过着富裕、安定生活的图景，反映了当时黑暗动荡时代的人民的一种美好愿望，也可以看作是他为自己寻找到的最适宜隐居的环境。

陶渊明的成长经历，对他形成"隐逸"心态有着重要的影响。陶渊明的父亲死后，他与母妹三人在外祖父孟嘉家里生活。日后，他的个性、修养，都有外祖父的遗风。外祖父家里藏书多，给他提供了阅读古籍的条件。在东晋时期，人们都崇尚学习《庄子》《老子》，他不仅像一般的士大夫那样学《老子》《庄子》，而且还学了儒家的六经，看了一些"异书"。时代思潮和家庭环境的影响，使他接受了儒家和道家两种不同的思想，培养了"猛志逸四海"和"性本爱丘山"的两种不同的志趣。

东晋太元十八年（393年），陶渊明任江州祭酒。当时门阀制度森严，他出身庶族，受人轻视，感到不堪吏职，于是就辞职回家了。后来陶渊明到荆州，投入桓玄门下做属吏。当时，桓玄控制着长江中上游，正窥伺着篡夺东晋政权，陶渊明不肯与桓玄同流，做这个野心家的幕僚，他在诗中写道："如何舍此去，遥遥至西荆。"并且对投在桓玄门下有悔恨之意，"久游恋所生，如何淹在滋"。后来，他因母亲去世，就辞职回家了。

元兴元年（402年）正月，桓玄举兵与朝廷对抗，攻入建康，夺取东晋军政大权。第二年，桓玄在建康公开篡夺了帝位，改国为楚，把安帝幽禁在浔阳。陶渊明在家乡耕种，曾写诗感叹："寝迹衡门下，邈与世相绝。顾盼莫谁知，荆扉昼常闭。"表示对桓玄称帝之事，不屑一谈。此后，建军武将军、下邳太守刘裕联合刘毅、何无忌等人，自京口（今江苏镇江）起兵讨桓平叛。桓玄兵败西走，把幽禁在浔阳的安帝带到江陵。陶渊明投入刘裕幕下任镇军参军。当刘裕讨伐桓玄率兵东下时，陶渊明乔装冒险到达建康，把桓玄挟持安帝到江陵的始末，报告给刘裕。为此，他还写诗明志："四十无闻，斯不足畏。脂我名车，策我名骥。千里虽遥，孰敢不至！"

刘裕攻入建康后，作风也颇有不平凡的地方。东晋王朝的政治长期以来存在"百司废弛"的积重难返的现象，经过刘裕的以身作则，并且下达威严的禁令进行整顿，朝廷上下风气顿时好转。陶渊明曾一度对刘裕产生好感，但是入幕不久，就看到刘裕为了剪除异己，杀害了讨伐桓玄有功的刁逵全家和无罪的王愉父子。刘裕还凭着私情，把众人认为应该杀的桓玄心腹人物王谧任为录尚书事领扬州刺史。这些不好的现象，使陶渊明感到失望。陶渊明在《始作镇军参军经曲阿作》一诗中写道：

"目倦川途异，心念山泽居……聊且凭化迁，终返班生庐。"义熙元年（405年），陶渊明转入建威将军、江州刺史刘敬宣部任参军。三月，他奉命赴建康替刘敬宣上表辞职。刘敬宣离职后，陶渊明也只能随着他离职了。

陶渊明回乡后，过着"躬耕南山下"的生活。夫人翟氏与他志同道合，安贫乐道，两人一起劳动，维持生活，"方宅十余亩，草屋八九间，榆柳荫后檐，桃李罗堂前。"陶渊明爱菊，宅边遍植菊花，其诗句"采菊东篱下，悠然见南山"，至今脍炙人口。

在此期间，陶渊明创作了《归田园居》，他写道："少无适俗韵，性本爱丘山。误落尘网中，一去三十年。"这样的人让他去做官，每天逢场作戏官场酬酢，肯定是不适应的。当他真正抛弃了这些功名利禄之后，一个舒适自由的世界向他敞开了。从他的诗里，我们可以发现他的精神世界迈向了另一个层次：种豆南山下，草盛豆苗稀。晨兴理荒秽，带月荷锄归。

陶渊明十分喜欢饮酒，而且只要饮酒必然会醉。朋友来访，无论贵贱，只要家中有酒，就要一起畅饮。他如果先醉了，便对客人说："我醉欲眠卿可去。"后来，住地上京失火，陶渊明迁至栗里，生活开始变得困难。如果遇到了丰收之年，还可以"欢言酌春酒，摘我园中蔬"；如果遇到了灾年，就会"夏日抱长饥，寒夜无被眠"。有一年，有一个老农清晨来敲陶渊明的家门，带酒与他同饮，劝他出仕："褴褛茅檐下，未足为高栖。一世皆尚同，愿君汩其泥。"陶渊明回答他："深感老父言，禀气寡所谐。纡辔诚可学，违己讵非迷？且共欢此饮，吾驾不可回。"陶渊明用委婉的语气谢绝了老农的劝告。

陶渊明的晚年生活十分贫困，经常需要朋友来送钱周济。有时，他也不免上门请求借贷。他的老朋友颜延之任始安郡太守，经过浔阳，每天都到他家饮酒。颜延之临走的时候，给陶渊明留下两万钱，结果他全部用来买酒了。不过，陶渊明求贷或接受周济，是有原则的。一年，江州刺史檀道济到陶渊明家里拜访。这时，陶渊明又病又饿已经好多天了，起不了床。檀道济劝陶渊明："贤者在世，天下无道则隐，有道则至。今子生文明之世，奈何自苦如此？"陶渊明说："潜也何敢望贤，志不及也。"檀道济馈赠给他一些肉，被他拒绝了。陶渊明辞官回乡二十多年，一直过着贫困的田园生活，享受固穷守节的志趣。元嘉四年（427年）九月，陶渊明趁自己神志还清醒，给自己写了三首《拟挽歌辞》。他在第三首诗的末两句说："死去何所道，托体同山阿。"表明他对死亡看得很平淡。

陶渊明是晋朝最杰出的诗人，他的诗从内容上可分为饮酒诗、咏怀诗和田园诗三大类，其中田园诗数量最多，成就最高，影响最为深远。他的田园诗充分表现了诗人守志不阿的高尚节操；充分表现了诗人对淳朴的田园生活的热爱，对劳动的认识和对劳动人民的友好感情；充分表现了诗人对理想世界的追求和向往。陶渊明是田园诗的开创者。他的田园诗以纯朴自然的语言、高远拔俗的意境，为中国诗坛开辟了新天地，并直接影响了唐代田园诗派。在他的田园诗中，随处可见的是他对污浊现实的厌烦和对恬静的田园生活的热爱。因为有实际劳动经验，所以他的诗中洋溢着劳动者的喜悦，表现出只有劳动者才能感受到的思想感情。

陶渊明是一个生性热爱自然，不喜拘束的人。隋唐以来的许多大诗人，像李白、杜甫、白居易、苏轼、陆游，都非常推崇陶渊明，在艺术创作和人生态度上也深受其影响。

骆宾王皈依灵隐寺

　　骆宾王是照耀千古的人物，他七岁时写下《咏鹅》诗，一时传遍乡里，被人们誉为神童。晚年参加徐敬业扬州起义，并写下了著名的《代李敬业传檄天下》。骆宾王作为"初唐四杰"之一，对荡涤六朝文学颓波，革新初唐浮靡诗风，开辟唐代文学的繁荣局面作出了重要贡献，因而成为中国文学史上有影响的人物。他一生著作颇丰，是一个才华横溢的诗人，一个政治上有抱负却怀才不遇的知识分子。骆宾王也是一个亦静亦动的人，伐武时的慷慨激昂是出于内心的义愤，但当形势不可逆转之时，他就会选择另外一种生活方式。

　　骆宾王平时最爱灵隐寺，兵败之后，他便选择隐居在这里，不露一点痕迹。徐敬业起义反抗武则天，不久就遭到围剿，他见大势已去，便乘船逃亡。船到海陵（今江苏泰州）境内，遇大风，所以就停靠在岸边避风。徐敬业的部将王那相，早有叛变之心，这时乘机率众哗变。一时船上大乱。骆宾王见情形不对，纵身入海。骆宾王深谙水性，跳海逃生之后，逆江而上，隐姓埋名，在吴中一带逃亡。此时骆宾王年事已高，在经历这样一场巨大的动乱之后，精神和肉体都遭受了沉重的打击。他四处躲藏，后来历尽千辛万苦回到义乌老家，因为官府盘查非常严密无处藏身，为了避难，最终在杭州灵隐寺隐居。

　　杭州灵隐寺离城西十二里，汉时称为虎林，唐时称武林。这里有鸟门峰、石笋峰、香炉峰、狮子峰、莲花峰、飞来峰等各类奇峰，还有南涧、北涧、大涧等溪流和月桂泉、伏犀泉、永清泉等名泉环绕。当时许多人都说骆宾王不知所踪，却不知道他此时已经在灵隐寺隐居。

数年之后，唐朝又出了一位才子，名叫宋之问。宋之问的才子之名，不亚于当年的骆宾王。上元二年（675年），仪表堂堂的宋之问进士及第，开始踏上了仕进正途。武则天把持朝政后，励精图治，选拔人才，不拘一格，宋之问被授洛州参军。天授元年（690年），武则天称帝，改国号为周，敕召宋之问与杨炯分直于洛阳西入阁，宋之问很快由从九品殿中内教跻身五品学士。唐朝的学士之职，以文学言语被天子顾问，出入侍从。武则天喜好文辞乐章，宋之问经常以诗文取幸。一次，武则天游洛阳龙门，命群臣赋诗。左史东方虬诗先成，武则天赐锦袍，随后宋之问奉上自己的《龙门应制》，武则天看完十分高兴，又把锦袍转赐给他。宋之问吹捧权贵，导致他陷入了统治集团内部争权夺利的政治旋涡中。武则天退位后，群臣迎立唐中宗，宋之问与杜审言等皆遭贬谪，宋之问被贬泷州（今广东罗定）参军。后来，宋之问上表请造唐中宗神武颂碑，大获赏识，于次年迁考功员外郎。他回到长安后，倾附安乐公主，遭太平公主忌恨。于是，太平公主进言唐中宗，将他贬迁越州（今浙江绍兴）长史。

据说，宋之问到了江南之后以诗酒自娱。一天，他游到杭州西湖之上，将南北两山细看了一遍，因爱灵隐寺飞来峰的形胜，泉石的秀美，便借住于寺中，日夜观玩其妙。灵隐后山最高，被称为"鹫岭"。山上有泉，转流而下。奇妙的是，众僧在泉水流处架设了管道，将清泉直接引入厨灶间，根本不用前去汲取。山岭朝东，而日出正照钱塘江，隔城而望，如在眼前。宋之问见了这里的景象，非常欢喜，心里想赋诗一首，却又不知从何处吟起。

这时正是秋天，山中寒气逼人，宋之问思前想后良久，终于吟出了一句："岭边树色含风冷。"他本想继续吟下句，可是却想不出来，便在殿前走来走去。这个时候殿内坐着一个老僧，见他在外面苦吟徘徊，便问："这位施主，既要吟诗，就只在口头，何用如此苦思冥想？"宋之问听了，不觉暗自吃惊，心想："在当世，我也算得上一个才子，老和尚怎么敢这样轻视我？"于是，他探问："师父莫非也会吟诗？"老僧说："老僧虽不会吟诗，但这下句早已替郎君对好了。"宋之问听见他这样说，便问他道："既对好了，何不念出来让我听？"老僧随口念道："石上泉声带雨秋。"宋之问听了，十分惊喜，他说："老师父原来是个诗人，弟子失敬了。您出口成诗，在下深为感佩。弟子见灵隐山秀美，想赋诗纪念，只做得前面两句，老师父帮我续下面两句。"老僧说："请说。"宋之问念道："鹫岭郁苕峣，龙宫锁寂寥。"老僧听完，随口应道："楼观沧海日，门对浙江潮。"宋之问一听，果然雄壮不凡，气象之阔更是前所未有，对仗又非常工整。宋之问的思路一下被打开了，他谢过了老和尚，就回房去写诗了。

第二天，宋之问拿着诗稿去见老和尚，请他指教，不料已经人去室空。宋之问一再打听老和尚。有人偷偷告诉他，老和尚就是著名的诗人骆宾王。当年，骆宾王参加徐敬业讨伐武则天的大军，兵败后不知所终。宋之问没想到他削发为僧了，更让宋之问意外的是，老和尚第二天一早就出外云游了。宋之问的《灵隐寺》传出后，人们竞相传抄"楼观沧海日，门对浙江潮"这两句诗。

骆宾王为宋之问续诗的事情，在孟棨所撰写的《本事诗·徵异》中有记载，这则故事在骆宾王兵败逃亡的传闻中，传诵最为广泛。孟棨在《本事诗》中说，骆宾王在灵隐寺落发，终老而死。那么，骆宾王在灵隐寺出家是不是真的呢？如果骆宾王到过灵隐寺，是不是真的终老于灵隐呢？据专家考证：骆宾王确实到过灵隐寺。《骆氏宗谱》记载，骆宾王兵败后，他的儿子崇德从义乌来到了於潜，随后联系到在灵隐寺出家的骆宾王，于是骆宾王自灵隐寺联诗后，来到了於潜。但是，骆宾王究竟最终居住在於潜的什么地方，《骆氏宗谱》却没有提及。

从现存的史料分析，骆宾王和宋之问曾经是好朋友，那他们在灵隐寺相遇时，为什么彼此就不认识了呢？宋人葛立方的《韵语阳秋》和《四库全书总目提要》也指出宋之问和骆宾王如此熟悉，在晚年相见没有不相识的道理。由此可见，骆宾王在灵隐寺出家为僧，仅仅只是传说，很可能只是后人一厢情愿的杜撰。

不管怎么说，骆宾王的才气是人所公认的。在初唐四杰中，骆宾王的诗作最多。他最擅长七言歌行，名作《帝京篇》为初唐罕有的长篇，当时以为绝唱。骆宾王还写有不少边塞诗，比如，"晚风连朔气，新月照边秋。灶火通军壁，烽烟上戍楼"，豪情壮志，见闻亲切。他的七言歌行，富有才情，兼深组织，其中以《畴昔篇》《艳情代郭氏赠卢照邻》《代女道士王灵妃赠道士李荣》等最具代表性，往往用富艳瑰丽的词华，抒情叙事，间见杂出，形式非常灵活。这种诗体，从六朝小赋变化而来，吸取了六朝乐府中辘轳辗转的结构形式以及正在发展中的今体诗的对仗和韵律，言词整齐而流利，音节宛转而和谐，声情并茂，感染力强，易于上口成诵。在骆宾王稍后的刘希夷、张若虚以及盛唐的李颀、王维，中唐的元稹、白居易，晚唐的韦庄，及至清代吴伟业等人的长篇歌行，都是沿着这条线发展下来的。

骆宾王的五律也有不少佳作。如《在狱咏蝉》，托物寄兴，感慨深微，是脍炙人口的名篇；《送郑少府入辽》抒写立功报国的乐观战斗精神，格高韵美，词华朗耀，除了全首平仄声调还不协调，律体形式尚未成熟，比起杨炯的《从军行》《紫骝马》并无逊色。绝句小诗，如《于易水送人》《在军登城楼》，寥寥二十字中，壮志豪情，激荡着风云之气，颇能见出诗人的个性风格，在初唐绝句中也是不多见的。

初唐四杰以诗文并称。他们的骈文在才华艳发、词采赡富之中，寓有一种清新俊逸的气息。无论抒情、说理或叙事，都能运笔如舌，挥洒自如，比起六朝后期堆花俪叶，一味追求形式之美的文风，有着明显的不同。骆宾王《代李敬业传檄天下文》，便是最能代表这种时代新风、流传广泛的名作之一。

在骆宾王失踪之后，可能是世人始终无法忘怀这位旷世奇才，不想他遭遇不好的结局，便为他编排出"灵隐寺归隐"的一段千古佳话。

自然淡雅的非纯粹的隐士孟浩然

　　孟浩然是盛唐时期与王维齐名的诗人，他与王维合称"王孟"，是唐代田园诗的代表人物。孟浩然的诗大多以写隐逸和田园生活而著称，其清淡、自然的诗风在唐诗中独树一帜。他的诗文格调甚高，颇受后人推崇。

　　孟浩然出生于襄阳一个书香门第。孟浩然二十岁的时候，游鹿门山，作《题鹿门山》诗。这首诗标志着他独特的诗风基本形成。孟浩然二十三岁时，在鹿门山闭门读书，为科举考试作准备。他在诗中说："维先自邹鲁，家世重儒风。诗礼袭遗训，趋庭沾末躬。昼夜常自强，词赋颇亦工。"（《书怀贻京邑同好》）孟浩然四十岁时进京考试，与一批诗人赋诗作会。他以"微云淡河汉，疏雨滴梧桐"两句诗令满座叫好，一时间名扬京城。当时张九龄和王维等爱诗的京官都来和他交朋友。郡守韩朝宗先向其他高官宣扬孟浩然的才华，然后和他约好日子，带他去见那些人。可是，到了约定的日子，孟浩然只顾着和朋友喝酒谈诗。在座的朋友提醒他，你与韩公有约在先，不赴约就是怠慢了别人，这样怕不好吧。孟浩然不高兴地说："我已经喝了酒了，身心快乐，哪管其他事情。"结果，一个求仕的大好机会就这样丢失了，而他事后也毫不后悔。这件事情表现出了孟浩然放任不羁的性格，也隐含着他对自己的过度自信：觉得自己不用别人推荐，凭真本事也一样能平步青云。

进士考试结果一公布，孟浩然却名落孙山了。这个结果对他打击特别大，因为他曾经闭门隐居学习十几载，满腹才华，又得到王维、张九龄等大诗人和大官的宣扬，在京师已经颇有名望了。孟浩然十分懊丧，他一度想给皇帝上书表达不满，但是又犹豫不决、左右徘徊，最终满肚子牢骚不知向谁发。在这种复杂的心绪中，他写下了诗歌《岁暮归南山》："北阙休上书，南山归敝庐。不才明主弃，多病故人疏。白发催年老，青阳逼岁除。永怀愁不寐，松月夜窗虚。"

这首诗的意思是：你不要再到朝廷的北阙上书，还是回到自己在南山破旧的茅庐去吧。你没有才能，所以被英明之主抛弃了，你衰朽多病，朋友都和你很少交往了。斑白的头发催人渐渐衰老，连美好的春天也都把人往老迈、死亡上推！内心苦闷忧愁，所以难以入睡，唯有松间月光越窗而入。孟浩然在诗里发出了一连串的自责，但这只是表面的意思，骨子里却在怨天尤人。

据说，一次孟浩然被王维邀至内署时，正巧唐玄宗来了。孟浩然赶紧藏到床下。王维不敢隐瞒，告诉了唐玄宗实情。唐玄宗高兴地说："我听说过这个人却没见过，有什么害怕的，还要藏起来？"于是，他下令孟浩然出来。唐玄宗询问他的诗作，孟浩然施礼后开始背诵自己的诗作《岁暮归南山》。唐玄宗说："你不求做官，而我也未尝抛弃你，为什么要诬陷我？"因此他特别生气，让孟浩然回去了。看来唐玄宗也从那含蕴婉曲的语句中听出了他满腹的牢骚和抱怨，并且认为他在"诬"自己，因而龙颜不悦。不用说，一个最好的、可能得到皇帝赏识和直接提拔的进仕机会又失掉了。

孟浩然在科举考试中失败以后，开始在吴越一带漫游。他曾经在张九龄荆州幕中任职，并写下了著名的《望洞庭湖赠张丞相》，从此诗中可以看出孟浩然内心还是有强烈的入世的愿望："八月湖水平，涵虚混太清。气蒸云梦泽，波撼岳阳城。欲济无舟楫，端居耻圣明。坐观垂钓者，徒有羡鱼情。"

在这首诗中，"气蒸云梦泽，波撼岳阳城"这两句写洞庭湖的诗，气势宏大，境界阔远，丝毫没有心如止水的隐者的心态。诗的后四句，则明显流露了希望张九龄援引的意思。然而现实是残酷的，写完这首诗的第二年，孟浩然第二次前往长安求仕，但结果依旧让人失望。于是，四十多岁的孟浩然又一次回到了家乡襄阳。这次求仕失败沉重地打击了孟浩然，也成为他思想上重大的转折点，把他推到了决心长期归隐的心境上去。由此可见，孟浩然四十岁以前的隐居，是欲以隐居达到求仕的目的；四十岁以后的隐居，是求仕失望之后的不得已。

李白对孟浩然十分推崇，他曾亲自去襄阳看望孟浩然，并且写了一首《赠孟浩然》："吾爱孟夫子，风流天下闻。红颜弃轩冕，白首卧松云。醉月频中圣，迷花不事君。高山安可仰，徒此揖清芬。"

李白在诗中直白地表达了他的欣赏之情，并对孟浩然淡泊名利，自放于山水之中的生活态度，给予由衷的赞美。但实质上，孟浩然最后的隐居，是不得已而为之的。

孟浩然因为落第带来的不满和灰心丧气，只能在历史中那些隐居的先贤们的事迹中找安慰。孟浩然对隐居先贤们的缅怀和赞叹，也坚定了他隐居的决心。他在开始隐居时，内心仍然难以放下，心中充满迷茫、看不见前途、惘然如有所失；但想到隐居的先贤们，特别是东汉隐士尚长和东晋高僧慧远，他们是自己早就敬仰的出世高人，于是禁不住要向隐居的隐士、高僧们吐露自己的心曲：我早晚要来与你们共享山林隐逸的雅趣！

然而，隐居对于许多人来说不是脱离尘世的终结，而是跳出尘世的起点：因为一个人一旦在山林中隐居，社会对他的影响就会越来越小，隐居者就会逐步变为一个修炼者。这种变化的第一个表现是对世间的名利声荣等失去兴趣，这也是孟浩然的体验：我现在只想过耕耘自足的农夫生活；只要有酒喝，谁还想世间名利啊！我宁愿与水鸥玩耍、与江燕为伍，做一个自由"狂歌"的"竖儒"，也不愿做巴结权贵、趋炎附势那些令人感到羞愧的事情。

孟浩然隐居后，开始修炼，以期望进入"返本归真"的状态。他还赞誉修炼和修炼之人："像庄子那样非凡之人，世间的人们应该是那些修炼界的'道流'；有谁不仰慕那些成道的神仙呢？"而且，孟浩然还广交修炼界的朋友，谈到他们时也总是带着崇拜的口吻："我那位隐居的朋友，手中拿着白色的羽毛扇子，脚上穿着青色的芒鞋，经常在山水间悠游；在陪李侍御拜访聪禅上人时，我看到一个无人的石头房间，里面禅师的绳床上却有一只老虎正在睡觉。""太一子是一个在天台山修道的朋友。他住在赤城附近，每天餐霞食气，不食人间烟火。""我曾经亲自去天台山拜见他，得知他经常在鸡鸣日出之时与仙人相会。他虽住在赤城中，但可逍遥自在、随意遨游于白云霄汉之间。连他居处的莓丛和苔藓一类植物都与人间的不同，而瀑布则是他与尘世隔绝的界标。我真想永远悠游于那样的境界中啊！"

孟浩然在修炼时，一方面是游山玩水拜访高人，一方面则是在养生。孟浩然是一个多病的人，他在修炼的时候有强烈的却病的愿望。他曾提到去山洞里探查"石髓"，到山崖上采集野蜂蜜和"芝草"。据说，"石髓"是唐朝时道家修炼者最喜欢的一种丹药，吃了高级的"石髓"可能使人立即飞升。野蜂蜜除了本身可以强身健体，还因为其内含大量蜂王浆，是炼制许多丹药的引子。"芝草"其实就是灵芝，它对调整身体机能的平衡有很大作用。

孟浩然虽然求道修炼，但是身体并没有强健起来。他在五十岁的时候患上了背疽，卧于襄阳，不少好友都前去探看他，而这里就包括了王昌龄。王昌龄与孟浩然友情深厚，在孟浩然的诗作中，就有不少赠给王昌龄的诗篇。

王昌龄的仕途要比孟浩然好得多，但可惜的是，他人生不顺，屡遭贬谪。开元二十六年（738年），王昌龄被贬谪岭南，途经襄阳时，见到了老友孟浩然。

孟浩然这个时候已经得了背疽，他抱病与王昌龄相见，写下了一首《送昌龄王君之岭南》："洞庭去远近，枫叶早惊秋。岘首羊公爱，长沙贾谊愁。土毛无缟纻，乡味有槎头。已抱沈痼疾，更贻魑魅忧。数年同笔砚，兹夕间衾裯。意气今何在，相思望斗牛。"

在诗中，孟浩然表达了他虽然身患重病，但仍然担心好友前途命运的悲凉心情。两年后，王昌龄时来运转，获得了朝廷的赦免，他从岭南返回长安，再次途经襄阳，又去拜访了孟浩然。

两人再次相见，境遇已经完全不同于上次的凄凉与绝望，这次王昌龄大难不死，而孟浩然此时病情已经有些好转。所以，两人相谈甚欢，最后拿出酒来纵情豪饮。之前，郎中嘱咐孟浩然千万不可吃鱼鲜，一定要忌口。孟浩然与老友相聚后，把这些事全忘了，一时间，觥筹交错，两人相谈甚欢。宴席上有一道河鲜菜——查头鳊，味极肥美，忘乎所以的孟浩然见到鲜鱼，不禁食指大动。没想到这顿吃喝，竟让孟浩然背疽发作。王昌龄还没离开襄阳，孟浩然就永远地闭上了眼睛，时年五十二岁。

孟浩然的诗歌主要表达隐居闲适、羁旅愁思，诗风清淡自然，以五言古诗见长。孟浩然是唐代第一个倾力写作山水诗的诗人。他是山水田园诗派代表之一，前期主要写政治诗与边塞游侠诗，后期主要写山水诗。其诗今存二百余首，大部分是他在漫游途中写下的山水行旅诗，也有他在登临游览家乡一带的万山、岘山和鹿门山时所写的遣兴之作，还有少数诗篇是写田园村居生活的。诗中取材的地域范围相当广大。

山水景物是南朝诗歌最重要的题材，经历长期发展，取得了显著的成就。而孟浩然又将山水诗提升到新的境界，这主要表现在：诗中情和景的关系，不仅是彼此衬托，而且常常是水乳交融般的密合；诗的意境，由于剔除了一切不必要、不谐调的成分，而显得更加单纯明净；诗的结构也更加完美。

　　孟浩然的《秋登兰山寄张五》，全诗情景交融、浑然一体，情飘逸而真挚，景清淡而优美；《夏日南亭怀辛大》极富韵味，被"一时叹为清绝"，且诵读起来"有金石宫商之声"；《题大禹寺义公禅房》情调古雅、潇洒物外，手法自然明快、词句清淡秀丽；《送杜十四之江南》一诗，后人誉为"与其说是孟浩然的诗，倒不如说是诗的孟浩然，更为准确"；而《渡浙江问舟中人》则被苏轼评为"寄至味于淡泊"；《晚泊浔阳望庐山》色彩淡素、浑成无迹、"一片空灵"，后人叹为"天籁"。诗人情入于境，深得大自然真趣和精髓。

　　孟浩然的田园诗将其高雅的情怀、隐居的清寂、静夜的相思等表现得淋漓尽致。如《过故人庄》，这是孟浩然田园诗的代表作。这首诗的首联写作者前往赴约："故人具鸡黍，邀我至田家。"十个字平平实实，明白如话，淡中有味。颔联"绿树村边合，青山郭外斜"是写赴约途中所见的村庄外景。这两句诗取景简练而富有特征，"绿树""村边""青山""郭外"，寥寥几笔，便把田园风光作了传神的勾画，突显了环境的幽静与和谐。颈联"开轩面场圃，把酒话桑麻"写进村以后与主人进餐之事。尾联"待到重阳日，还来就菊花"是写诗人的告别之辞。整首诗可谓自然天成，有血有肉，给人以美好的艺术享受。

梅妻鹤子鹿家人林和靖

　　林和靖，北宋时期著名的诗人，名逋，字君复。他生于乾德五年
（967年），父亲很早就去世了，所以家道中落，一家人常为衣食发愁。
但是，他发愤苦读，后来学识超群，通晓经史百家，善书画诗词，作诗
多奇句。林和靖虽然有才华，但是性情孤傲，从不羡慕世间的荣华，年
纪轻轻就有高士风骨。别人读书，是为了求取功名，好谋个一官半职；
林和靖读书，一不为应试，二不求当官。他终身不考、不仕，而愿意做
个散淡闲人、隐居之士。

　　林和靖曾漫游于江淮，当他来到西湖孤山，见这里四面环水、竹青
松翠，就兴致勃勃地搭了间茅屋，住了下来，并且此后一直在这里隐
居。林和靖隐居后，经常在山清水秀的西湖边吟诗喝酒，兴致高时，还
提笔作画描绘秀丽的湖光山色。在美丽的自然景色的环抱下，他耳目清
新，心旷神怡。但是，这种日子久了，难免有些寂寞。林和靖就常常到
附近的百姓家中坐坐，和他们拉拉家常。他和邻居们关系很好。一天，
一位猎户打猎归来，送给他一只白鹤和小鹿，与他做伴。林和靖十分高
兴，在山脚旁边造了座亭子，把这两只小动物养在那里。

　　林和靖很喜欢白鹤，给它取名叫鸣皋。每天清晨，他把白鹤放出亭
子，摸一摸它的羽毛，吟道："鸣皋鸣皋，志冲九霄。"白鹤便通人性
地点点头，拍展翅膀，鸣叫着飞上天空，在白云之际翱翔。林和靖这时

总会自得其乐地说："还是闲云野鹤的生活惬意啊！"林和靖也会放出小鹿，让它在山坡上自由自在地跳跃奔跑。白鹤和小鹿为林和靖的隐居生活增添了不少乐趣。

猎户的儿子叫五儿，他十分喜爱这只小鹿，常常到山坡上跟小鹿玩耍。后来，五儿被父亲送到一家酒店做学徒，他对小鹿十分不舍，林和靖便常常让他带着小鹿到酒店玩。小鹿总是在晚上的时候乖乖回家，依恋地靠在林和靖身边。一天傍晚，小鹿从外面回来了，颈脖下挂着一只小篾篮。林和靖取下篾篮，看到里面放着一壶酒，知道是五儿送的。他感激地抚摸着小鹿的脊背，高兴地说："五儿是个好孩子，花鹿更赶得上一个好家人呢！"从此，林和靖常常派小鹿到五儿店里取酒。

林和靖的朋友听说他隐居在一处无比美妙的神仙地，特地来拜访他。这个朋友事先没通知林和靖，待他欣赏着山水风光，打听着找到西湖孤山茅屋时，林和靖却去游湖了。于是，这位朋友只好在山径里散步，等着林和靖回来。突然，他听到不远处的亭子边有声音，一只极为美丽的白鹤直飞上天，然后低空旋转。这位朋友正被这奇景吸引，忽然身后传来大笑声。"鸣皋冲霄，贵客临门呀。我赶忙回家。原来是老兄啊，失敬！失敬！"林和靖朗声说道。朋友正欲问个究竟，亭外却跑来只鹿，颈上挂着酒壶和竹篮，一颠一颠地跑到林和靖身边。林和靖笑着说："我有事外出，白鹤给我传信，小鹿为我沽酒，真好呀！"于是，把他以鹤鹿为伴的生活说给朋友听。朋友觉得新奇，问他："你这里有鹤有鹿，独独少了些春色。你不是以高洁自居，酷爱梅花吗？为什么不种上一些呢？"林和靖点头称是，连声说："知己！知己！"不久，林和靖在房前屋后种了几百株梅花。第二年，待到花儿盛开的时节，这里的红梅似火、脂梅如金、白梅像雪，把小小的孤山点缀成了世外桃源。

林和靖就在这里赏梅养鹤，拒绝出仕，亦不婚娶。他有许多诗画都在这里完成。隐逸的生活和闲适的心情养成了他淡泊深远的诗歌风格，也让他的画意境出尘。

有天黄昏，夕阳下的梅林让林和靖有些感慨，于是他就画了一幅《梅林归鹤》图。正当他准备回屋时，一阵暖风扑面送来梅花香，放眼望去，梅花倒映在清冽的湖面上，疏落有致。林和靖诗兴大发，在刚画完的画上题了一首诗。

二十多年的隐居生活中，林和靖作了大量的诗画，其中大多数是梅花。人们因为他酷爱梅花，且身边只以鹤鹿相伴，就说他"梅妻鹤子鹿家人"。《辞海》对于"梅妻鹤子"的解释是："宋代林逋隐居杭州西湖孤山，无妻无子，种梅养鹤以自娱，人称其'梅妻鹤子'。"

林和靖隐居期间以咏梅诗词闻名于世。他隐居孤山，躬耕农桑并大量植梅，写出了不少咏梅佳句，其中《山园小梅》传出后，在北宋文坛引起了轰动："众芳摇落独暄妍，占尽风情向小园。疏影横斜水清浅，暗香浮动月黄昏。霜禽欲下先偷眼，粉蝶如知合断魂。幸有微吟可相狎，不须檀板共金樽。"

这首诗不仅把幽静环境中的梅花清影和神韵写绝了，而且还把梅品、人品融汇到一起。其中"疏影""暗香"两句，成为咏梅的千古绝唱，引起了许多文人的共鸣。从此以后，咏梅之风日盛。宋代文坛上的几位大家，如欧阳修、苏轼、王安石、陆游、辛弃疾、杨万里、梅尧臣等，都写过许多咏梅诗词。苏轼甚至还把林和靖的这首诗，作为咏物抒怀的范例让自己的儿子苏过学习。随着宋代咏梅风气的盛行，林和靖与孤山梅花在文坛上也热了起来。

我国著名的诗词学家、浙江大学教授夏承焘先生曾在20世纪60年代在报纸上发表过一篇名为《东风世界话梅花》的文章，文中提到林和靖的一些情况。林和靖生前隐居孤山，当时的杭州太守，每年都要以文字保荐，向林和靖送去一些粟帛。林和靖在天圣六年（1028年）去世后，当时的皇帝宋仁宗特地赐了一个谥号给林和靖，称为"和靖先生"，由此，林的名气就更大了……这其中的原因是：原先的老皇帝宋真宗，正由于为了挽回自己在异族争战中失去的威信，而由大臣王钦若假造帛书放在宫门上和泰山上，闹了一场"天书封禅"的鬼把戏。后来，老皇帝宋真宗还真的率领文武百官，装模作样地跪接"天书"。在浊气冲天和腐败的朝政中，一些大臣与无耻文人便借"天书封禅"之机趋炎附势，呈献谀文。可见"天书封禅"的闹剧，在当时是怎样的不得人心，朝政的腐败又是多么严重的一个社会问题！林和靖对朝廷这种劳民伤财的乱政，是表示过不满的。

夏承焘先生还认为林和靖虽然隐居在孤山，但他并不是一个遗世绝俗之人。林和靖死了以后，宋仁宗之所以赐谥号称他为"和靖先生"，只不过是因他名气太大，被人民和士大夫所敬重和钦佩。

林和靖在这西湖孤山下住了一辈子。他下葬的时候，杭州太守李谘甚至一身素服为他送葬。传说他那只丹顶白鹤在主人死后便不吃不喝，日夜绕着坟墓哀哀鸣叫，不久也伤心而死。人们把鹤葬在墓侧，是为"鹤冢"。后来，绍兴作为南宋临时都城之时，宋高宗赵构为建观之需，下诏迁出孤山的所有坟墓，却唯独保留了林和靖的墓。以后各代都重修过林和靖的"放鹤亭"，作为"处士"。林和靖并无功业，而作为文人，却是一种超凡的存在，一如长空皎月，空谷足音。

至于林和靖"以梅为妻，以鹤为子"的说法，也只是一个传说。有人考证，林和靖的《长相思·吴山青》就是写给爱人的，它的内容是："吴山青，越山青。两岸青山相对迎，谁知离别情。君泪盈，妾泪盈。罗带同心结未成，江头潮已平。"

可见，处士林和靖也是有爱情的，也为爱情流过眼泪。梅可爱，鹤可爱，但终究是人最可爱。后世有历史学家研究证明，林和靖不但有爱情，而且还有婚姻，不但有婚姻，而且还有后代，并且很多。一支在浙江奉化，人丁兴旺。另一支更了不得了，竟漂洋过海到了日本，这又几近乎传奇了。

林和靖的大多数诗词都洋溢着脱离尘俗的高洁，他笔下有很多传唱千古的名句。七律《孤山寺端上人房写望》这样描写："底处凭阑思渺然，孤山塔后阁西偏。阴沉画轴林间寺，零落棋枰葑上田，秋景有时飞独鸟，夕阳无事起寒烟。迟留更爱吾庐近，只待重来看雪天。"其中"迟留更爱吾庐近"体现了他淡泊名利，乐享归隐生活的雅趣诗风。

林和靖写诗的态度，十分超脱，他不在乎能否流传、有无诗名，故存世诗作并不多。他有一首绝笔诗，可谓其一生节操的活画："湖上青山对结庐，坟前秋色亦萧疏。茂陵他日求遗稿，犹喜曾无封禅书"。林和靖几乎是文人风骨的代名词，就连苏东坡、欧阳修、梅尧臣对他也是充满了钦佩之情。

一生咏叹梅花的隐士王冕

王冕，字元章，号煮石山农，亦号食中翁、梅花屋主等，浙江绍兴人，元末著名画家、诗人。他出生在一个贫苦农民家庭，相传他周岁就会说话，三岁能对答自如，到五六岁，认识能力要比一般儿童高，八岁开始入学，成绩优良，宗族和宾客大为惊奇，称赞他为神童。

王冕小的时候，特别好学，求知欲很强。有一天，他的父亲叫他去放牛，他把牛放在草地上，自己就溜到私塾里去听书。傍晚回来时，牛不见了，他被父亲狠狠地打了一顿。可是他并不因此而作罢，过了几天，他又到庙里坐在菩萨的膝上，借长明灯读书认字。王冕的好学精神感动了会稽的一个读书人韩性。韩性收他为学生，教他读书、画画。韩性是当地著名的学者，他博览群书，文辞博达雄伟，书画苍劲古朴，受业者很多，王冕跟他学习了很长时间。韩性去世后，门人视王冕如同老师，跟随着他继续学习。韩性启蒙了王冕的诗文和绘画，给予他深刻的艺术影响。

王冕年轻的时候做事不像一般人，曾一度热衷于功名，他时常戴高帽，身披绿蓑衣，足穿木齿屐，手提木制剑，引吭高歌，往返于市中。他曾专心研究孙吴兵法，学习击剑，且有澄清天下之志，常拿伊尹、吕尚、诸葛亮比喻自己，想做一番惊天动地的事业。但是，元朝统治者歧视汉族人的残酷现实，彻底改变了他的想法。他参加过进士考试，没有考中，回来后，满怀愤郁，就把所有的文章烧毁掉，表示永绝仕途的决心。正如他在《自感》中所说的："长大怀刚肠，明学循良图。硕画决自必，不以迂腐拘。愿秉忠义心，致君尚唐虞。欲使天下民，还淳洗嚣虚。声施勒金石，以显父母誉。此志竟萧条，衣冠混泥涂。蹭蹬三十秋，靡靡如蠹鱼。归耕无寸田，归牧无寸刍。羁逆泛萍梗，望云空叹吁。"

著作郎李孝光欲荐做府吏，王冕却说："我有田可耕，有书可读，为什么要早晚都去给别人当奴役？"随后，他下到江浙历览名山大川。王冕到杭州泛舟西湖和凭吊古迹，饱览了这里的风光。一天，他看见了色目人牵着花驴儿，在杭州到处招摇撞骗，说什么花驴儿能解人意，懂多种语言。当时，江南洪涝成灾，人民忍饥挨饿，而花驴儿吃的却是粟米，贪官污吏为了睹稀奇，争先恐后掏钱。王冕见此怪事，气得"归来十日不食饭，扼腕攒眉泪如雨"。这是他对元朝统治确立色目人的优越地位的强烈抗议。在杭州游历时，他凭吊了林和靖。当时江南有人发掘南宋诸帝后陵墓，林和靖墓也被人盗了，然而他的墓中仅有一支白玉簪。王冕对此事深有感触，因而写出"生前不系黄金带，身后空余白玉簪"的诗句。

此后，他到江淮和湘楚游历，看到了贪官污吏的奢华和贫民的凄惨，后又渡长江，过淮河，经徐州、济南到大都，达居庸关、古北口，观察边塞诸险要，又出长城直至开平。有一天，他在大都南城，登高望远，顿觉心旷神怡，但他想起美好河山却在元朝的统治下，不由义愤填膺，痛斥引狼入室出卖民族利益的汉奸。其《南城怀古·其一》写道："日上高楼望大荒，西山东海气茫茫。铜驼踪迹埋荒草，元菟风尘识战场。礼乐可知新制度，山河谁问旧封疆？书生慷慨何多感，转忆轮台汉武皇。"

王冕的这次游历扩大了他的眼界和胸襟。他在游历期间结交了很多文人、奇才、侠客、豪杰，他们一起畅饮，慷慨悲吟。他还结识了许多著名的僧人，和他们谈禅说法，参悟人生。所有的这些都使他的诗画更加显得不同凡俗。

王冕在大都时，泰不华因爱王冕的画，常常派粗俗的小吏来讨要。他们动不动大呼小吃，闹得王冕不得安宁。后来，王冕不得已进了泰不华的馆舍，做了他的食客。泰不华想让王冕当他的谋士，却被他严词拒绝："大人不要见怪，你太不聪明，再过几年，此地就成为狐兔出没的场所了！何必做官呢？"后来，王冕的名声越来越大，许多富商官僚都争抢着来到他的住处，重金求他画梅花、竹石。

王冕不认识翰林学士危素，但是他知道危素住在钟楼街。一天，危素骑马经过王冕处，王冕行了一个礼，请他坐下，但未询姓名，忽然问："你住在钟楼街吗？"危素说："正是。"王冕就不和他说话了。危素走了以后，有人问他此人是谁，他笑着说："此人必是危太仆，我曾读过他的文章，看去有诡气，现在看他举止，果然如此！"后来，危素向明朝投降，还妄自尊大，被明太祖贬谪和州，幽恨而死。传说，一次，朱元璋在侧殿，危素从外面走过，履声咯咯，太祖问："是谁？"他回答说："老臣危素。"太祖很不高兴地说："我还以为是文天祥呢！原来竟是你！"于是，次日传旨，令危素赴余阙庙烧香，故意羞辱他。由此看来，王冕倒是有先见之明呢。

王冕在大都看到了很多元朝官僚耀武扬威的事情，内心怒火更不可抑制，遂赋诗倾泄郁怀："唤鹰羌郎声似雷，骑马小儿眼如电。总是无知痴呆子，也逞虚威拈弓箭。老儒有识何以为？空指云山论文献。君不闻，一从赵高作丞相，吾道凋零如袜线。"一天，他画了一幅梅花，并题诗："冰花个个团如玉，羌笛吹它不下来。"表示自己不愿给元朝统治者作画。王冕对权贵予以无情的讽刺，使见者缩首咋舌，不敢与语。这也激怒了统治者，他们想逮捕他。他得知消息后，偷偷地逃回南方。

王冕在南归的途中，又遇黄河决堤，将沿河州县的田舍淹没。官府却不管百姓的死活，老百姓只好四散逃亡。王冕见此光景，自然内心苦楚。这时，他听到朋友卢生死在滦阳（今河北迁安），留有二个幼女一个男孩，无人抚养，他就到滦阳，安葬了卢生，带了二女一男一起南归，并且将他们养大。

王冕已经看透了元末的形势，所以彻底放弃了功业，选择了躬耕自种的隐居生活。他的画作《墨梅》，画面上两支梅花旁逸斜出，枝上梅花或开放，或含苞，清新雅洁，遒劲生动。他还给画题了诗："吾家洗砚池头树，朵朵花开淡墨痕，不要人夸好颜色，只留清气满乾坤。"诗中不仅咏赞了梅花的独立风姿，而且也表达了诗人高尚的人格和美好的情操。他在九里山的水南村结草庐三间，自题为"梅花屋"，白天劳动，晚上作画，过着清贫而淡泊的生活。

王冕选择隐居，他孤傲的个性和不屑于官场是最主观的原因。他的老师王艮十分器重王冕。后来，王艮官居浙江检报，王冕常去看他。一日，王冕去拜访王艮时，穿了一双破草鞋，连脚趾也露了出来。王艮说："你有才学，何必以卖画为生呢？以后不必画了，去做个小官吧，别再过这样的苦日子了。"并拿出一双新草鞋送给王冕。王冕只是笑了笑，不说话，然后把草鞋放在原处，告辞了。

王冕后半生一直隐居在山明水秀的水南村。村上共有三户人家，人们一年到头辛苦过活。一条溪水像带似的流过，挺秀的山峦耸立在屋后，山上竹木茂盛，一片葱茏。山光水色相映，景色秀丽，环境清幽。正如他诗篇中所说："青山隐隐带江流，江上轩窗面面幽。"他在此地"种豆三亩，粟倍之，梅千树，桃杏居其半，芋一区，薤韭各百本。引水为池，种鱼千余头"。

隐居在这样一个世外桃源，给王冕心灵以极大的安慰。王冕亲身耕种，但由于方法不对，常常陷入贫寒之中，全家经常挨饿。由于王冕的生活窘迫，乡里人蔑视他，使他心境悲戚不堪，更使他不忍心的是不能供养父母。他在《自感》一诗中感叹："世俗鄙我微，故旧嗤我愚。赖有父母慈，倚门复倚闾。我心苦凄戚，我情痛郁纡。山林竞蛇虺，道路喧豺貙。荒林落日阴，羞见反哺乌。乌鸟有如此，吾生当何如？"

不久，他的父亲在贫病交迫下逝世了，他悲痛之余，仍过其"酸辛甘自爱，褴褛愧妻儿"的生活。后来，他送母亲到绍兴城里疗养，他的朋友想荐他为府吏，他再一次拒绝了。没过几年，他的母亲也逝世了，他悲痛万分地为母亲守孝三年。

王冕在游历、隐居的过程中，找到了最能象征个人情感和性格的梅花作为刻画的对象，把梅花作为个人性情的寄托，作为调和现实与理想矛盾的媒介，倾注了全部的期望和酸楚。他歌颂梅花的孤傲："冷霜极冷欺不得，春风吹作玉玲珑？"赞美梅花的高洁："回首中原天万里，琼林玉树一般春？"用梅花寄托自己的理想："忽然一夜清香发，散作乾坤万里春。"梅花给予了他莫大的慰藉，也成为他在贫寒中的知音。在王冕的画里，梅花充分代表了他为时俗所忌、孤苦飘零的处境，以及他笑傲孤寒的气节。他画的梅枝干简练洒脱，笔意简逸，花朵浓淡相宜，蕊萼分布，主次分明，清润秀美，生机盎然。构图清新悦目，用笔顿挫得宜，不仅能够生动地展现梅花的天然神韵，而且能在画面中寄托高标孤洁的思想感情。正因为王冕有这种超然世外、不染尘俗的高洁品格，才使他的诗歌、绘画充溢着高洁脱俗的力量。

王冕是一个坚定的隐居者，即便诱之以利禄，也很难打动他。至正十九年（1359年），朱元璋派胡大海攻打绍兴，屯兵九里山。胡大海向王冕请教策略。王冕说："如果以仁义服人，何人不服；如以兵力服人，谁人能心服？我绍兴乃秉义之地，要我教你们杀我父儿子弟，则万万做不到。你能听我，请立即改过以从善。不能听，请立即杀我。"
胡大海无话可说，只得再拜领受，叫王冕不要讲话就行了。第二天，王
冕就病倒了，几天后逝世。胡大海备丧礼殓葬于山阴兰亭之侧，题"王
先生之墓"五字。

第七章　风流篇

引文君司马相如弹琴

　　司马相如是西汉时期著名的文学家。司马相如原名司马长卿，因仰慕战国时期的名相蔺相如而改名。司马相如少年时代就特别喜欢读书练剑，并且准备走上仕途大干一番。后来他就来到了西汉的首都长安，用家里的钱在长安给自己买了个官——武骑常侍。一次，好结交天下文人骚客的梁孝王到朝廷来朝见汉景帝。他所带的随从中有许多像邹阳、枚乘这样著名的辞赋家。年轻的司马相如早就闻听过他们的大名，心中甚是倾慕，尤其是与他们相识之后，更觉相见恨晚，向往之心也由此产生。司马相如做了一段时间武骑常侍，就觉得自己不喜欢这个官职，于是就辞职了。后来汉景帝批准了他的这一请求，之后他便跟随梁孝王去了梁国。

　　梁孝王刘武，受封于梁。他生性喜好宾客，结交文人名士，他把司马相如也安置在他所建的名园——梁园中住。这样，司马相如常常可以与梁孝王、邹阳、枚乘及其他宾客一起，在园中饮酒作赋。有一天，司马相如挥笔写下《玉如意赋》一篇，呈梁孝王审阅。梁孝王非常喜欢，高兴之余，传令赐他"绿绮琴"一台，并让人在这台十分贵重的琴上，刻上"桐梓合精"四字，算是勉励。

　　就这样，司马相如在梁国住了好几年。后来梁孝王得病死了，他没了依靠，才去投奔了朋友王吉相。王吉相在临邛（今四川邛崃）任县

201

令，司马相如就过去找他。王吉相把他安排到一个小亭子先住着。了解好友的窘境后，他为好友想了一个妙计。之后他日日拜访司马相如，司马相如刚开始还接待，后来常常避而不见。这在当地引起了轰动。大家都想见一见这个县令天天去拜访却依然避而不见的人到底长什么样。他们两个人的这番表演，抬高了司马相如的身份，也引出人们最为津津乐道的司马相如弹琴引卓文君私奔的一段风流故事。

临邛有一位非常有财富的人，姓卓，名王孙。他知道司马相如非常受县令推崇后，猜想他一定来头不小，便大摆宴席，盛情邀请司马相如和县令做客。县令接到请柬后便如期到了卓家，而司马相如却以身体不舒服推辞没去。县令便主动前去邀请司马相如，他碍于好朋友的面子，带了绿绮琴一同前往。

司马相如为什么要携带绿绮琴赴宴呢？原来，司马相如早已经知道卓王孙有个女儿叫卓文君。卓文君当时仅十七岁，人长得很漂亮，眉色远望如山，脸际常若芙蓉，皮肤柔滑如脂，而且还会琴棋书画。本来是人人所冀求的女子，却因父亲安排了一个政治婚姻，将她许配给某一皇孙，而让她的人生很快就跌入谷底。因为这个皇孙没多大就病死了，卓文君还没结婚就在家守寡。司马相如很倾慕卓文君，但是不知道怎么才能得到芳心，在县令的计谋和怂恿下，他才获得到卓家的机会。

司马相如来到卓家，满座的客人无不惊羡他的风采。酒兴正浓时，县令走上前去，把琴放到相如面前，说："我常常听人说长卿善于奏琴，何不在此弹奏一曲，以助酒兴，我们也可借机领略一下高雅音乐的韵味，饱饱耳福啊！"司马相如自然是先行推让，后在众人的呼和之下，凝神端坐，操琴如歌。那琴声悠扬飘荡如流水行云，温馨动人如鸾凤和鸣。一时间，大家听得如醉如痴。这期间，县令向司马相如使了个眼色，示意他按计以琴声挑逗卓文君。于是司马相如非常投入地一边弹琴，一边唱吟自己的两首诗歌。其中一首为《凤求凰》："凤兮凤兮归故乡，翱游四海求其凰。时未遇兮无所将，何悟今兮升斯堂！有艳淑女在闺房，室迩人遐毒我肠。何缘交颈为鸳鸯，胡颉颃兮共翱翔！凰兮凰兮从我栖，得托孳尾永为妃。交情通意心和谐，中夜相从知者谁！双翼俱起翻高飞，无感我思使余悲。"

卓文君在司马相如进门的时候，看到他仪表堂堂，文静典雅，甚为大方，心中很喜欢。后来，她就躲在帘后偷听，琴中求偶之意声声入耳，两个人互相爱慕。宴罢离席之后，司马相如许了卓文君左右侍从一些礼物，让他们转告他对卓文君的倾慕之情，并约请卓文君与其私奔。卓文君年轻守寡，如今遇上了一位多才多艺又非常爱慕自己的人，不免心动；于是在三思之后，毅然夜投司马相如住处。司马相如见卓文君连夜赶来，心中惊喜万分，在好朋友王吉相的帮助下，又连夜起程，赶往成都。

卓王孙得知自己的女儿和司马相如私奔之后，勃然大怒："女儿极不成材，我不忍心伤害她，但也不分给她一文钱。"尽管他知道女儿与司马相如在成都的日子过得很艰苦，别人也多次劝他，但他依然未改变主意。

卓文君过惯了荣华富贵的生活，哪里习惯得了一贫如洗的清苦生活。这样勉强过了一段时间之后，两人穷得都快吃不起饭了。卓文君当了自己随身带的一些值钱东西，从一个酒店换取了一些酒食，于是夫妻俩对酒消愁。此时此刻，卓文君感慨万千，她不无凄凉地叹道："我从来便过惯富裕的生活，想不到竟落到今天这种以身上衣赊些酒食的境地。"后来二人没法再维持生活，卓文君对丈夫说："长卿，只要你同我一起去临邛，向兄弟们借贷也完全可以维持生活，何至于让自己困苦到这个样子！"于是，他们就回到了临邛。

卓文君和司马相如回到临邛后，把身边仅有的车马都卖掉了，用这些钱在娘家对面租了一间屋，开了一家小酒店。卓文君淡妆素抹，当垆沽酒，司马相如更是穿上犊盘鼻裤，与酒保用人一起洗盘子，忙里忙外地跑堂。这件事情在临邛可是一件天大新闻，顿时远近轰动，小酒店门庭若市，热闹非凡。

卓王孙的朋友知道这件事之后，跑来劝他说："你不过生有一个儿子和两个女儿，你并不缺少什么钱财。如今，卓文君都已是司马相如的妻子了。他的人品和才华有目共睹，只是怀才不遇导致景况穷窘，他还是可以让文君依托的。何苦非要让他们受到别人的耻笑和侮辱呢？"卓王孙经过这番劝说之后，也觉得自己理亏，于是同意分给卓文君百名僮仆，百万金钱，并把卓文君初出嫁时所制的衣被和全部钱财物品一概送给了卓文君。这样，卓文君便与司马相如回到成都，用这些钱购买了一些房屋和土地，成了成都的一个富裕户。从此，这对小夫妻又过上了整天饮酒作赋，鼓瑟弹筝的悠闲生活。

司马相如从忙于解决温饱的劳碌之中解脱出来后，写下了《子虚赋》《上林赋》。汉武帝读过之后，很赏识他，拜他为郎官。当时巴蜀两地形势不稳，司马相如凭着一支妙笔，以一篇檄文，晓以大义，剖陈利害，并许以赏赐，消弭了危险的局面。汉武帝大喜，再拜其为中郎将，持节出使西南，进行宣抚。司马相如再次回到了成都，他与卓文君会合后，绕道去了一趟临邛。当地官员纷纷出城相迎，百姓更是夹道欢呼。这也让卓王孙风光了一把，觉得女儿真是"慧眼识珠"，他说："现在我才知道文君有眼力，能于风尘之中识英雄，可惜我当年没能及早把文君嫁给相如。"从此，他像对儿子一样，把大量财产分给卓文君。

西南诸夷经过司马相如的宣抚与晓喻，尽皆奉表称臣。按理司马相如应该受到封赏，但他回到长安后上书谏止汉武帝狩猎，扫了汉武帝的兴致，后来只得了一个名位清高而闲散的官职。

司马相如在长安任中郎将的时候，觉得自己官职较高，曾经兴起休妻的念头。一天，他派人送给卓文君一封信，信上写着"一、二、三、四、五、六、七、八、九、十、百、千、万"十三个大字，并要卓文君立刻回信。

卓文君看了信，知道丈夫有意为难自己，十分伤心，想着自己如此深爱对方，对方竟然忘了昔日"月夜琴挑"的美丽往事，于是提笔写道：

一朝别后，二地相悬。只说是三四月，又谁知五六年？七弦琴无心弹，八行书无可传。九连环从中折断，十里长亭望眼欲穿。百思想，千系念，万般无奈把郎怨。

万语千言说不完，百无聊赖，十依栏杆。九重九登高看孤雁，八月仲秋月圆人不圆。七月半，秉烛烧香问苍天，六月三伏天，人人摇扇我心寒。五月石榴红似火，偏遇阵阵冷雨浇花端，四月枇杷未黄，我欲对镜心意乱。

忽匆匆，三月桃花随水转。飘零零，二月风筝线儿断，噫！郎呀郎，巴不得下一世，你为女来我为男。

司马相如收信后，惊叹不已。卓文君才思敏捷且对他一往情深，使他心弦受到很大的震撼，于是很快地打消了休妻的念头。

司马相如与卓文君成婚多年，卓文君一直没有生育。司马相如年纪大了以后，对这件事情越来越介意，最后决定纳妾传递香火。卓文君当年为了和他在一起，几乎与家人决裂，她不想与另一个女人分享丈夫。但是，司马相如却很想纳妾，卓文君忍无可忍，作了一首《白头吟》："皑如山上雪，皎若云间月。闻君有两意，故来相决绝。今日斗酒会，明旦沟水头。躞蹀御沟上，沟水东西流。凄凄复凄凄，嫁娶不须啼。愿得一心人，白首不相离。竹竿何袅袅，鱼尾何簁簁。男儿重意气，何用钱刀为！"并附书："春华竞芳，五色凌素，琴尚在御，而新声代故！锦水有鸳，汉宫有木，彼物而新，嗟世之人兮，瞀于淫而不悟！朱弦断，明镜缺，朝露晞，芳时歇，白头吟，伤离别，努力加餐勿念妾，锦水汤汤，与君长诀！"

卓文君哀怒的《白头吟》和《诀别书》，使得司马相如大为不忍，于是打消了纳妾的想法。

此后，两人安居林泉，又度过了十年恩爱岁月。公元前118年，司马相如已因病免官，汉武帝说："司马相如病得很厉害，可派人去把他的书全部取回来；如果不这样做，以后就散佚了。"于是便派所忠前往他的家里。这个时候司马相如已经死了，家中没有书。所忠询问卓文君，她回答说："长卿本来不曾有书。他时时写书，别人就时时取走，因而家中总是空空的。长卿还没死的时候，写过一卷书，他说如有使者来取书，就把它献上。再没有别的书了。"他留下来的书上写的是有关封禅的事。所忠拿到书后把书进献给汉武帝。

司马相如死后，卓文君尝到了未亡人冷冷清清的孤寂。第二年深秋，孑然一身的卓文君也病逝了。

柳永最得风尘女子心

北宋有一个才子，因为一首词误了功名，终身坎坷，后来竟演绎出一段风流佳话。这个才子便是宋神宗时的柳永。

柳永，原名三变，字景庄，后改名柳永，字耆卿，因排行第七，又称柳七，建宁府崇安县（今福建武夷山）人。柳永十八岁时，离开家乡，流寓杭州、苏州，沉醉于听歌买笑的浪漫生活之中。他丰姿洒落，人才出众；琴、棋、书、画，无所不通；擅长吟诗、作赋、填词。柳七还精通音律，将大晟府乐词添至二百余调，词家独步。他自恃其才，没有一个人看得入眼，所以也不去结交缙绅之士，终日只是穿花街，走柳巷。很多名妓都敬慕他，以得见为荣。若有不认得柳七者，众人都笑她为下品，不列姊妹之数。所以妓家传出几句口号："不愿穿绫罗，愿依柳七哥；不愿君王召，愿得柳七叫；不愿千黄金，愿中柳七心；不愿神仙见，愿识柳七面。"

柳七是朝朝楚馆，夜夜秦楼。他与三个上等的名妓行首来往最密，一个是陈师师，一个是赵香香，一个是徐冬冬。这三个人赔着钱财，争抢着养柳七。

柳七虽然诗词文采，压于朝士，但是科举之路颇为不顺，他连续考了四次，结果都名落孙山。仁宗亲政，特开恩科，对历届科场沉沦之士的录取放宽尺度。柳永赶赴京师，于第二年春天，终于考中进士。他先被朝廷授睦州团练推官，后调任余杭县令。柳永并不满意这个职位，只是作为上进的台阶而已，所以去了。只是舍不得那三个行首。时值春暮，柳七准备起程，填了一首《西江月》，以寓惜别之意："凤额绣帘高卷，兽环朱户频摇。两竿红日上花梢，春睡厌厌难觉。好梦狂随飞絮，闲愁浓胜香醪。不成雨暮与云朝，又是韶光过了。"

三个名妓得知柳七即将赴任，都来钱别。众妓至者如云，柳七口述《如梦令》："郊外绿阴千里，掩映红裙十队。惜别语方长，车马催人速去。偷泪，偷泪，那得分身应你！"柳七别了众人，携着琴、剑、书箱，扮作游学之人上路，一路观看风景。行至江州，访问本处名妓。有人说道："此处只有谢玉英，才色第一。"柳七问了住处，就直接去拜访。

谢玉英见柳七十分文雅，便邀入小书房。这个时候，谢玉英并不认识柳七。柳七举目看时，小书房果然摆设得精致，桌上摆着一册书——柳七新词。他翻开一看，都是自己平日的乐府，蝇头细字，写得齐整。柳七问："此词何处得来？"谢玉英回答："这本书是柳七所作。我平昔甚爱其词，每听人传诵，辄手录成帙。"柳七又问道："天下词人甚多，你为什么独爱他的词？"谢玉英道："他描情写景，字字逼真。如《玉蝴蝶》一篇末云：'黯相望。断鸿声里，立尽斜阳。'《雨霖铃》一篇云：'今宵酒醒何处？杨柳岸，晓风残月。'我每每诵其词，不忍释手，只是恨不能见到其人。"柳七说："你要认识柳七？我就是。"谢玉英大惊，问了他的来历。柳七将余杭赴任之事，说了一遍。谢玉英急忙说："我眼拙，不识真人，不要见怪。"然后，置办酒席招待，殷勤留宿。柳七一连住了五日，恐怕误了凭限，只得告别。

谢玉英十分眷恋柳七，立下山盟海誓，一心要相随柳七官人，侍奉在其左右。柳七对她说："此去赴任多有不便。若果有此心，待到我任职满了，回归之时，我们一起走。"谢玉英道："既蒙你不弃，从今开始，我就闭门绝客了。只是希望你不要遗弃我！"柳七索纸，写下一首词："飞琼伴侣，偶别珠宫，未返神仙行缀。取次梳妆，寻常言语，有得几多姝丽？拟把名花比，恐旁人笑我，谈何容易。细思算，奇葩艳卉，惟是深红浅白而已。争如这多情，占得人间，千娇百媚。须信画堂绣阁，皓月清风，忍把光阴轻弃？自古及今，佳人才子，少得当年双美！且恁相偎倚。未消得，怜我多才多艺。愿奶奶兰心蕙性，枕前言下，表余心意。为盟誓。今生断不孤鸳被。"

柳七告别了谢玉英就上路了。没几日，就来到姑苏地方，看见山明水秀，到个路旁酒楼上，沽饮三杯。忽听得鼓声齐响，临窗而望，是一群儿童划着小船，在湖上戏水采莲，口中唱着《吴歌》："采莲阿姐斗梳妆，好似红莲搭个白莲争。红莲自道颜色好，白莲自道粉花香。粉花香，粉花香，贪花人一见便来抢。红个也忒贵，白个也弗强。当面下手弗得，和你私下商量，好像荷叶遮身无人见，下头成藕带丝长。"

柳七听了，取出笔来，在墙上也写了一首《吴歌》："十里荷花九里红，中间一朵白松松。白莲则好摸藕吃，红莲则好结莲蓬。结莲蓬，结莲蓬，莲蓬生得忒玲珑。肚里一团清趣，外头包裹重重。有人吃着滋味，一时劈破难容。只图口甜，那得知我心里苦？开花结子一场空。"这首《吴歌》，流传吴下，至今有人唱之。

柳七来到余杭县上任，为官清正，从政之余，便在大涤、天柱、由拳诸山登临游玩，赋诗饮酒。这一日，他叫几个官妓来饮酒，其中有个周月仙颇有姿色，更通文墨。可是，饮酒的时候她似有不乐之意。柳七问其缘故，她低头不语，只是流泪。柳七再三追问，周月仙只得告诉。

原来月仙与本地一个黄秀才情意甚密。月仙一心想嫁给黄秀才，可是他家家贫，不能备办财礼。月仙为了守着秀才，也不接客。老鸨再三逼迫，她也不从；因是亲生之女，无可奈何。黄秀才书馆与月仙只隔一条大河，每夜月仙渡船而去与秀才相聚，第二天才回。县城有个刘员外，他也喜欢月仙，欲与她在一起，月仙却执意不肯。

刘员外心生一计。他嘱咐摆渡的人，教他趁月仙夜渡时，把船划到无人之处，强奸了她，然后给他重赏。摆渡人贪了赏赐，果然趁月仙上船，把船撑到了芦花荡深处，走入船舱，把月仙抱住，逼着她行云雨之事。月仙知道自己难以脱身，不得已只好从了。当天夜里，月仙仍到黄秀才馆中住宿，也不敢告诉他，到第二天她又回家了。

摆渡人将强奸的事情告诉给刘员外，员外赏了他一锭银子，然后便差人邀请月仙到家中陪酒。酒过三巡之后，他去调戏月仙，月仙仍旧推阻。刘员就威胁她，说要把她被强奸的事情告诉给黄秀才，月仙满面羞惭，只得从了刘员外。以后，刘员外就在她家住下，不容她与黄秀才相处。虽然中了鸨儿的意，但月仙心下只想着黄秀才，所以一直闷闷不乐。今天，她被县令盘问不过，只得将实情说出。柳七是风流首领，听得此语，好生怜悯。当日就唤老鸨过来，将钱八十千付作身价，替月仙除了乐籍，又请黄秀才相见，亲领月仙回去，成其夫妇。黄秀才与周月仙拜谢不尽。正是：风月客怜风月客，有情人遇有情人。

柳七在余杭三年，任满还京。他想起谢玉英之约，便道再到江州来找她，结果却没看到人。原来谢玉英初别柳七，果然就不接客了。过了一年之后，她不见柳七的音讯，又没有收入，就觉得两人只做了五夜的夫妻，未知柳七说的是真话，所以就决定再次接客。正好有个孙员外给她也花了很多钱，所以她就与他相处了。柳七到谢玉英家没见到人，就知道她肯定变心了，心里很不高兴，于是就写了一首《击梧桐》："香靥深深，姿姿媚媚，雅格奇容天与。自识伊来，便好看承，会得妖娆心素。临歧再约同欢，定是都把平生相许。又恐恩情，易破难成，未免千般思虑。近日书来，寒暄而已，苦没忉忉言语。便认得听人教当，拟把前言轻负。见说兰台宋玉，多才多艺善辞赋。试与问，朝朝暮暮，行云何处去？"

柳七写完后将词笺粘于墙上，然后就离开了。他回到东京，被升为屯田员外郎之职，从此就整日混迹在东京的妓院。柳七的俸禄和其他一切收入，都用在妓院了。

一日，柳七正在徐冬冬家休息。宰相吕夷简派人来找他，来人说："吕相公今天六十诞辰，家妓没有新歌献寿，所以特求你写一首新词。特送上蜀锦二端、吴绫四端，当作酬劳。"柳七立即同意了，取出两幅芙蓉笺纸，开始写词，很快就写完了《千秋岁》："泰阶平了，又见三台耀。烽火静，欃枪扫。朝堂耆硕辅，樽俎英雄表。福无艾，山河带砺人难老。渭水当年钓，晚应飞熊兆；同一吕，今偏早。乌纱头未白，笑把金樽倒。人争羡，二十四遍中书考。"

柳七见还剩下芙蓉笺一纸，自己又余兴未尽，就写了一首《西江月》："腹内胎生异锦，笔端舌喷长江。纵教片绢字难偿，不屑与人称量。我不求人富贵，人须求我文章。风流才子占词场，真是白衣卿相。"

柳七刚写完，陈师师的丫鬟就来找他。丫鬟说："我家新来了一个美人，也不说自己的姓名，只是说爱慕柳官人的词，不远千里而来，现在在家里等着奉候。"柳七听了，心里高兴，忙把词装入封套，打发吕丞相的家人回去，自己随后往陈师师家来。柳七见了那美人，大吃一惊，原来她正是谢玉英。原来，谢玉英看了柳七给自己的词，知道他是有情的人，没有失约，于是瞒了孙员外，自己来到京城寻找柳七。她得知他与陈师师往来密切，特拜见陈师师，求其引见柳七。陈师师问来谢玉英详情，便留她同住。

柳七给吕丞相的词原本只是《千秋岁》，谁知忙中出错，把两首词都封在了一起。吕丞相读了《千秋岁》，十分欢喜，读《西江月》时，

211

念到"纵教片绢字难偿，不屑与人称量"，笑道："当初，裴晋公修福光寺，向皇甫湜求文，皇甫湜开价每字三匹绢。柳七竟然嫌我给的酬劳太少？"吕丞相念到"我不求人富贵，人须求我文章"，十分生气，他说："竖子如此轻薄，我有什么要求他的呀？"从此，对柳七怀恨在心。柳七却是疏散的人，写过词，便丢在一边了，哪里还放在心上。

后来，翰林院缺员，吏部官员推荐柳永。宋仁宗见他增定大晟乐府，很爱惜他的才华，也想让他入翰林。宋仁宗征求宰相吕夷简的意思："朕想让柳永到翰林院任职，你以为如何？"吕夷简急忙说："此人虽有才华，但是恃才高傲，不怎么看重朝廷给的功名。他现在任屯田员外，天天出入妓院，大失官威。如果皇上重用他，恐怕要被世人取笑的。"他还把柳七所作《西江月》诵了一遍。宋仁宗也就不说话了。一些官员听说吕丞相对柳七不满，为了拍丞相的马屁，不断参劾柳七。最后，宋仁宗御笔批了四句话："柳永不求富贵，谁将富贵求之？任作白衣卿相，风前月下填词。"

柳七丢了官职，大笑道："当今做官的都是不识字之辈，怎容得我出头？"因此，改名柳三变。人都不会其意，柳七解释说："我少年读书，无所不窥，本求一举成名，与朝家出力；因屡次不第，牢骚失意，变为词人。以文采自见，使名留后世足矣；何期被荐，顶冠束带，变为官人。然浮沉下僚，终非所好；今奉旨放落，行且逍遥自在，变为仙人。"此后，他就更加放荡，以妓院为家。

柳七将一个手板上写道："奉圣旨填词柳三变。"他到一家妓院，先将此手板送去，这家妓院便准备好酒席，伺候过宿。次日，再要到另一家，也是这样做。亦凡所作小词，落款书名处，亦写"奉圣旨填词"五字，人无有不笑之者，如此数年。一日，柳七醒来，对赵香香道："我马上就要死了，你给各家的姊妹寄一信，不要让她们再等着见我了！"说完，柳七就死了。赵香香慌忙报知谢玉英，陈师师、徐冬冬闻讯也都来赵家。

柳七虽做过官，但是没有一点家产。以陈师师为首，敛取众妓家财帛，给柳七制买衣衾棺椁，就在赵家殡殓。出殡之日，官僚中也有相识的，前来送葬，满城妓家，无一人不到，哀声震地。自从柳七下葬后，每年清明前后，妓院的名妓都不约而同，各备祭礼，往柳七坟上，挂纸钱拜扫。

苏东坡杭州风流行

　　宋仁宗时期，苏轼、苏辙同时中了进士。欧阳修对别人夸赞苏轼兄弟说："三十年后，恐怕人们只知有苏文，而不知有我了。"宋仁宗对苏轼兄弟也很满意，他还高兴地对太后说："我今天得二位文士，乃四川苏轼、苏辙两兄弟。可惜我年纪大了，恐怕没机会重用他们，只好留与后人了。"于是召入翰林。

　　宋仁宗驾崩之后，宋神宗登基，任命王安石为丞相，主持变法。王安石推行新政，首先就推行青苗法，苏轼却说青苗法对老百姓并没有方便之处。王安石又一意要变更科举，苏轼又说科举不应该变更，只应该照旧。宋神宗要做这件事，苏轼就劝阻，总是事事相抵触。王安石便把他贬出京城，让他去杭州任通判。苏轼听到这个消息后，心中大喜，说："我久闻李邺侯、白太傅，都在杭州政绩突出，留有美名。我今到杭州，如果能在西湖上留下姓名，定不枉此生。"

　　苏轼还未到杭州，远远望见山色，便觉不同。苏轼到任之后，忙完了衙门公事，便在西湖游玩。苏轼观之不足，爱之有余。此后政事稍有余闲，便不论晴雨，一定要出游。他见山水风光变幻不测，晴雨风景都很美妙，欣然赋诗曰："水光潋滟晴方好，山色空蒙雨亦奇。欲把西湖比西子，淡妆浓抹总相宜。"

　　这首诗写成之后，传诵一时，妇孺皆知。东坡看了西湖美景，自然也不会错过钱塘的美色。这里有位名妓叫朝云，性情并不轻浮，但是却爱慕风流才子，看不起那些富豪。一次，有一个富家公子要娶她，她却不肯。苏轼听说后，便叫她来专侍喝酒，见她不像个风尘中人，很喜欢她。几个人喝到微微醉的时候，他问她："你落入风尘几年了？"朝云说："四年了。"苏轼开玩笑说："既然已经四年了，肯定是朝暮云雨，十分快乐了吧？"朝云说："我是一个飘飘无主的人，也不知谁是我的意中人，这仿佛在地狱一样，不能脱身离开，痛苦不堪，还有什么快乐？"苏轼说："你既然过得苦，为什么不早点从良？以你姿容，何愁找不到一个好丈夫？"朝云说："那些想娶我的，我嫌他们都是庸才；我心里想爱的才子，又嫌我是风尘中人。这良人不知从何做起。"苏轼听了，大笑着说："我不嫌你是风尘中人，但不知你是否嫌弃我？"朝云听他如此一说，赶忙说："如果能承蒙你的错爱，则就有意中人了，哪怕是委身伺候，我都心甘情愿。"苏轼非常喜欢她的才貌，于是娶她为妾。

一天，苏轼在西湖宴客，叫来一名妓女群芳陪酒。酒过三巡，命她唱歌。群芳不敢推辞，便唱道："泪湿阑干花著露，愁到眉峰碧聚。此恨平分取，更无言语空相觑。断雨残云无意绪，寂寞朝朝暮暮。今夜山深处，断魂分付潮回去。"

苏轼听了，大吃一惊，问："这首词文笔优美，谁写的？"群芳开始不愿意说，苏轼不断追问，她才说："这就是昨日任满的推官毛相公送给我的作品。他再三嘱我不要唱给别人听，我觉得他是已经离任的官，没有什么关系，所以一时想起就唱了。"苏轼听完，叹息着说："毛滂与我一起共事很久了，我竟不知道他是个风雅的词人，怎么去寻这个知己呀，真是我的过错。"说完，立即写信一封差人去追回毛滂来。见到毛滂后，苏轼谢罪说："小弟有眼无珠，今天邀请兄长返回，

215

想为你与群芳的云雨之情多一些留念记忆。"说完，两人相视大笑。于是，苏轼留毛滂在这里，与他诗酒相会。一个多月后，毛滂方才回去。从此，毛滂名气大振，后又复升官到别处去了。

苏轼在杭州做官，不仅诗酒流连，就是政事也自风流。一天，有两个官妓，一个叫郑容，一个叫高莹，她们都拿了一张牒文来告状，请苏轼判处。郑容要求落籍，高莹要求从良。苏轼看后，都点头答应了，于是提起笔来，分别在两张牒文上写《减字花木兰》，判给郑蓉的是："郑庄好客，容我尊前先堕帻。落笔生风，籍籍声名不负公。"判给高莹的是："高山白早，莹骨冰肤那解老。从此南徐，良夜清风月满湖。"

苏轼把词给府僚看，几位看了之后，不知词中有何奥妙，只说词很美。苏轼笑了笑，用红笔在词的每一句之首，圈了一字，几位再看，才知已把"郑容落籍""高莹从良"八字全写进去了。大家无不叹服，因而调笑也自有他风流之处。

一日，苏轼正在坐堂，忽有一个官妓前来投诉，要求从良。苏轼是个爱开玩笑的人，哪里管忙与不忙，见那妓女生得丑陋，便大笑批示说："五日京兆，判状不难。九尾野狐，从良任便。"

有一个姓周的妓女，色艺俱精，听说苏轼愿意给妓女判脱籍，便也赶来要求脱籍。苏轼说："你如脱籍，那么西湖就没有美色了，不准脱籍。"因此，他批示说："慕周南之化，此意可嘉。空冀北之群，所请不允。"

人们见他同处理一样的事，却一允一不允，都觉得有趣，后传为佳话。

一次，苏轼路过金山，听说佛印禅师是个高僧，便想进去见见。但是，正好赶上金山上放参，与那些问道的人见面。问道的成百上千，他一时挤不开，想将人赶开，却又不文雅。他想了一会儿便说："有了。"于是穿起公服，将皇上赐的那条玉带系在腰上。众人见他这般打扮，自然是个大官来了，于是让他走了进去。将走到香案前，那佛印禅师坐在讲台上，早已远远看见，忙高声问他说："苏学士怎么来这里？却没有你的坐处。"苏轼听了，知是禅机，即随口说："既无处坐，何不暂借和尚的身体做禅床？"佛印说："山僧有一句转语，学士如果答得出来就算了，如果答不出来，请你解下玉带，留镇山门。"苏轼叫左右解下玉带，放在香案之上。佛印说："山僧四大皆空，五蕴俱无，学士要在何处坐？"东坡一时答不上来，面色发红。佛印便令侍者收此玉带，永镇山门。东坡见佛印果然深于禅理，有些厉害，于是弃了玉带，悻悻而去。

苏轼见杭州人虽然比较富裕，但是还有很多贫困者，于是将一些余钱积攒起来买了些良田叫人耕种，以养活杭州城里的穷人。因此，杭州人民无论亲受他的恩惠与否，都非常感激苏轼。

有一年，杭州大旱，饥荒病疫一齐袭来，百姓苦不堪言。苏轼便上书请求朝廷减税和支援，朝廷一一准奏，百姓饥、病均有所控制。可是大旱之后，又值秋天大雨，太湖之水泛涨起来，禾苗、庄稼尽被淹坏。苏轼预计明年将会出现大饥荒，于是又奏请朝廷免掉供米，预先籴米以备明年出售。第二年春天，果然出现了饥荒。因苏轼早有准备，所以百姓避免了流散死亡之苦，所以对他感恩不尽。

待水旱不侵，民情稍定，东坡便天天到湖上、江干和六井等处，查看地形。他得知六井之所以常常被淹塞，下塘常常遭旱灾，都是因为湖水浅。湖水之所以浅了，是因为葑草丛生，满湖壅塞。苏轼查明了原因之后，就开始找解决的办法：开掘茅山、盐桥二河，把它挖深一些，让茅山一河，专门承受江水流通；盐桥一河，专门承受湖水流通；并造堰闸用来蓄积湖水。这样，要让湖水深一些，必须除尽葑草。可是这些葑草又堆积到什么地方呢？想来想去，苏轼想到一个好办法，将葑草淤泥取出堆在一起，筑成一条沟通南北湖岸的长堤。这样，既可以除葑草，又可以方便行人，岂不一举两得。他主意已定，便上奏朝廷。获得朝廷批准之后，不出几月，长堤筑成，把西湖分为里、外西湖。堤上建桥六座，以便里外船只往来。那六桥分别命名为映波、锁澜、望山、压堤、东浦、跨虹。堤的两旁种了桃花、芙蓉，到了花开时节，简直如云锦一般华丽。从此以后，西湖风景更美，凡去游览的人，都会流连忘返。苏轼在忙完政事之后，更是约了同僚官长、文人墨客常会于此。

苏东坡的侍妾朝云有一个好友，名叫琴操，也是一个妓女。她生性聪慧，好佛书。一次，苏轼在西湖饮酒，也叫她一起来。苏轼怜她有些佛性，怕她堕入风尘，想要点化她。几个人喝到半醉，苏轼对琴操说："你既然很喜欢看佛书，肯定懂得许多佛理。我今天权充当一个老和尚，你来试着参禅怎么样？"

琴操说："那好呀！"

苏轼问："什么是湖中景？"

琴操说："落霞与孤鹜齐飞，秋水共长天一色。"

苏轼问："什么是景中人？"

琴操说："裙拖六幅湘江水，髻耸巫山一段云。"

苏轼问："什么是人中景？"

琴操说："随他杨学士，鳖杀鲍参军。"

苏轼听完，拍桌叫绝，说："门前冷落鞍马稀，老大嫁作商人妇。"

琴操听了之后，第二天便削发为尼。

三年之后，朝廷得知苏轼在杭州治理有功，召入翰林承旨。这时王安石虽然已死，但王安石死党等人还在朝中。他们见苏轼再次受到重任，十分妒忌，于是诬他诽谤朝廷，把他贬到惠州。苏轼此去惠州路途遥远，妻妾都不带去，只有朝云死活要跟着他去。苏轼到惠州后，没出一年，朝云因水土不服，患病而死。

朝中一些人想将苏轼置于死地。他们得知苏轼在惠州安然无恙，于是又在皇上跟前进谗言，皇上又把他贬到海南的儋耳。弟弟苏辙为哥哥申辩，也被贬至雷州。兄弟二人聚在一处，别人看了很觉凄凉，可苏轼却一点也不在乎，还带了儿子苏迈一同到儋耳。朝廷还有人转告县令，不许给苏轼官房居住，要他野居。苏轼没办法，只得买了一间房子。好在他闻名天下，当地的文人都来拜从，还找人帮他修理房屋。苏轼是个大度的人，也毫不抑郁，天天与这班文人，饮酒赋诗，无不快乐。

后来，朝廷觉得苏轼是个忠臣，免了他的罪名，让他还京。北归途中，苏轼在常州安然去世。杭州百姓因感激苏轼的恩德，在孤山建起了苏公祠。该祠至今还在。

第七章 风流篇

唐伯虎"点"秋香

唐伯虎，名寅，一字子畏，号六如居士、桃花庵主，祖籍凉州晋昌郡，明朝著名画家、书法家、诗人。唐伯虎与文徵明和祝枝山都是吴中的才子，才学有"江南第一风流才子"之称，傲视人世，放荡不羁。他常在与朋友们赏花饮酒之时，心花怒放，得意而忘形。

弘治七年（1494年），唐伯虎的父亲去世，他的母亲、妻子、儿子、妹妹也在一两年内相继离世，家境逐渐衰落。他在好朋友祝枝山的规劝下潜心读书准备科考。唐伯虎参加科考期间与好友张灵宿妓喝酒，放浪形骸。提学御史方志十分厌恶这种行径，唐寅在录科考试中名落孙山。苏州知府曹凤爱惜人才，加之沈周、吴宽以及苏州名士文徵明的父亲文林等人为唐寅求情，方志才同意"补遗"让其参加乡试。在这次考试中，他名列第一。

一天，文徵明和祝枝山邀唐伯虎一起游虎丘，此时无锡望族华学士之夫人率婢仆乘画舫来吴中进香，他们三人正巧遇到。唐伯虎看见华府众人中有一位风姿明丽、秀逸绝尘的婢女，心中暗喜，不自觉地尾随到一寺庙。华府众人施礼拜佛，唐伯虎也跪在那婢女的旁边。婢女无意中将一绢帕遗落，被唐伯虎拾得。华府的人来到虎丘时，唐伯虎又遇到那婢女，便将绢帕还给她。婢女拿着绢帕对他嫣然一笑。华府一行人游罢虎丘回到船上，唐伯虎也雇来一条小船相随。他打听到那婢女名叫秋香，是华夫人最宠爱的婢女。当船行至途中，秋香出来倒水，正好倒在唐伯虎的身上。秋香不好意思，对唐伯虎嫣然一笑。船到无锡，华府的人上了岸，唐伯虎也急忙追去。秋香看见了唐伯虎，又嫣然一笑。至此，唐伯虎已获得美人三笑。

唐伯虎见那些人进了一座大院，遂向附近的人打听，才知道这就是华府。他怏怏不乐地回到船上，神思不定，眼前总是晃动着那位侍女的影子，想睡也睡不着。夜已深，唐伯虎突然想出了一个好主意，于是假装被噩梦惊醒，披头散发，大喊大叫起来，令人毛骨悚然。船上的仆人醒后赶紧请问缘故，唐伯虎说："刚才我在梦中看见一位天神，朱发獠牙，手持金棒，说我进香不虔诚，应该受到谴责，天神派他来责打我。说完，他举起金棒就要打下来。我再三地给他叩头，请求宽恕。他说要我独自一人持香，沿途礼拜，前去山上谢罪，或许可以免除惩罚，不然，灾难就要降临到我的头上。待我惊醒过来，天神不见了。因此，我想这是天神的意志，我必须按照天神的指教去做。现在你们大家回去吧，我一个人去还愿进香就是了。"

第二天早上，唐伯虎便换了衣服，急匆匆上岸。他走到了华府门前，对守门人低声下气地说："小子是吴县人，擅长书写，想投身府上书写字帖，混碗饭吃，请你帮我引荐引荐。"说完，他就写下几行字交给守门人。守门人见来人诚恳，就拿着字帖进去禀告了华学士。过了好一会儿，守门人出来说华学士传他入内。唐伯虎刚进入堂门，倒头便拜。华学士见他面容俊秀，又写得一手好字，不由心里喜欢，于是问道："你平时都学些什么？以什么为生？"唐伯虎恭敬地答道："我幼年时攻读儒家经典，擅长写文章，但屡次参加考试均未中第，因而流落到此。我愿意留在贵府担任书写之事。"华学士高兴地说："你可以为我的儿子伴读，你的名字以后就改叫华安吧，你住在书馆里吧。"这样，唐伯虎便教华学士的两个儿子华文和华武读书写字，有机会经常在华府走动。

一天，秋香给两个少爷送茶点，看见华安的桌上放着一幅题为"一对蠢材"的画像，便偷偷拿去交给了夫人。夫人虽然大怒，但见画笔精妙，实在难得，秋香提议让华安以夫人为模特画一幅观音像时，夫人才转怒为喜。唐伯虎画画时，借机提出要秋香帮着磨墨，以进一步接触秋香。此后，唐伯虎曾多次与秋香相约，但秋香都答应下来却不赴约，这让唐伯虎度日如年。

过了几天，他在给两个公子伴读时，偶见华公子写的文章有不妥之处，就私自加以修改。华公子的老师还以为他的文章大有长进，于是跑来向华学士贺喜，并美美地把公子夸了一番。华学士有些不敢相信，他说："这不是我儿写的文章，恐怕是他人代写的。"他把儿子叫来一问。华公子不敢隐瞒，于是把实情招出来。华学士了解实情之后，把华安叫来，当场命题测试他。华安下笔从容，很快就把文章面呈给华学士。华学士阅读了华安的文章后，非常欣赏他文章清新的立意和华美的词藻，于是决定把他留在自己左右，让他掌管文房，负责处理府内来往书信。

华安在掌管文房期间，做事有条理，深受华学士的喜欢。不久，府内负责主典的人去世了，华学士就让华安暂时代理。华安在代理期间，办事认真，大公无私，做事周全。华学士十分满意，决定让他担任这一职务。但是，华安没有婚娶，恐怕难以重托。有了这样的想法之后，华学士便四处张罗，请来媒人，想为华安选择配偶。华安听说这件事，十分高兴，便对华学士的亲信说："我承蒙老爷提拔，又为我筹谋家室，恩深似海。不过，我不想让老爷破费，只要选一个丫鬟侍女就可以了。"华学士得知这个消息，自然同意，他说："府中丫鬟婢女众多，让他随意选。"华安便对华学士亲信说："我就选秋香为妻。"华夫人知道此事后，很不高兴，她不想让秋香嫁出去，但是华学士已经把话说在了前面，也不能反悔，只好勉强同意，让他们择日成婚。

华学士为他们布置了一个洞房。新婚之夜，秋香终于体会到唐伯虎的一片苦心，大有相见恨晚之感。唐伯虎和秋香成婚之后，感情日益加深，唐伯虎也不打算继续隐瞒自己的身份，于是面带愧色地对秋香说："我是唐伯虎，因为仰慕你的美貌，所以想方设法进入华府结识你。我的愿望现在已经实现了，这里不是久留之地，我们还是一起逃到我的家乡——苏州吧。我想华学士也不会知道我们的去向，这样我们就可以白头偕老了。"秋香非常倾慕唐伯虎的才华，如今他们已经是夫妻了，当即满口答应下来。后来，他们雇来一只小船，在半夜无人之时，悄悄离开华府，坐船去了苏州。

第二天，华府上下都不见华安和秋香，房内也没有人，桌上放着一张登记表，所有衣饰细软均登记在上，毫无所取。华学士觉得非常奇怪，左思右想，总想不通这究竟是为什么。他派人在附近打听，也没有他们的下落。然而，事有凑巧。在唐伯虎夫妇逃离华府一年之后的一天，华学士来到苏州。他在街上看到书坊中有一人很像华安，于是派仆人前去察访。

仆人来到唐府，唐伯虎正在书坊里翻阅书籍，仆人一看也觉得这个人像华安，但他不敢冒失，于是向旁人打听。别人告诉他，那个人就江南才子唐伯虎，仆人赶紧回去禀告华学士。华学士拿着名帖前往拜见唐伯虎，唐伯虎出门迎接。他们进入府内，双方礼让坐定之后，华学士又仔细地端详了好半天，心中暗想：眼前这位唐伯虎就是当年的华安无疑了。但是，既然唐伯虎不说，华学士自然也不好直言相问。他心中一直犹豫不决，直到双方入席，酒过三巡之后，实在是忍不住了，于是向唐伯虎讲述了华安的故事以探虚实。

然而唐伯虎一直顾左右而言他，让人扑朔迷离。华学士又试探道："那华安的相貌与你十分相似，不知道为什么？"唐伯虎依然支支吾吾，没有如实相告。唐伯虎越是不说，华学士就越是怀疑，后来竟然动怒了，准备告辞。唐伯虎见他这样，便笑着说："请华学士从容饮酒，酒后我一定为你解开这个谜。"于是双方又对饮几盅。尽兴之后，唐伯虎命侍从在前引路，他与华学士一起来到后堂，请唐夫人出来拜见。唐夫人出来后，唐伯虎上前拉住她的手，一起来到华学士面前，然后说："你说我像华安，华学士不觉得她像秋香吗？"说完，双方相视大笑。华学士当即打道回府，筹备了丰厚的嫁妆，第二天送到了唐家。从此，唐华两家认为亲家，互相往来。

这就是在民间广为流传的"唐伯虎点秋香"的故事。这件事情是不是真实存在呢？唐伯虎是否娶秋香为妻子呢？其实这都是虚构的，历史上并没有这样的事情。"唐伯虎点秋香"这个故事的雏形，最早出现在明代的小说中。明代小说家王同轨的《耳谈》，故事情节和"唐伯虎点秋香"大致相同。故事大概是：苏州才子陈元超，性格放荡不羁。一次，他和朋友游览虎丘，与秋香不期而遇。秋香对陈公子回眸一笑，陈公子就喜欢上了秋香，并派人暗访秋香其踪。后来，陈公子乔装打扮，到官宦人家里做了公子的伴读书童。不久，陈元超觉得时机已到，因为他发现两个公子已经离不开他了，谎称要回家娶亲。两公子说让他在府上的婢女中随便挑一个成婚。陈公子最终选了秋香。陈公子遂心如愿，结成姻缘。这个故事到冯梦龙的手中，就变成了《唐解元三笑姻缘》。一个最古老、最简单的故事，由"一笑"发展到"三笑"，情节也更加复杂化。

从陈公子点秋香变成唐伯虎点秋香，其实是有一定的社会原因、时代因素的。明代的经济比较发达，而苏州是当时经济文化都很发达的城市。经济上的活跃带来了思想上的活跃，当时的中下层知识分子为了实现个人的理想，急需找到一个他们精神、理想、情感、意志的代言人；急需找到一个生活上放浪不羁，敢于带头冲锋、挑战的叛逆形象。于是，他们就选中了唐伯虎，因为唐伯虎有不拘礼法的性格特征。所以在各种形式的文艺作品中，作者让唐伯虎不拘礼法、放浪不羁，让他敢闯朱门豪宅，让他敢和达官贵人插科打诨，让他为争取自己的理想自由奋斗。所以这就是为什么陈公子演化成了唐伯虎。

在历史上，唐伯虎有其人，秋香也确有其人。秋香，本名林奴儿，字金兰，号秋香。她是金陵妓院中的名妓，精通琴、棋、书、画。秋香在当时被誉为"女中才子"，她所画的丹青画更有名气。明代《画史》中记载："秋香学画于史廷直，王元父二人，笔最清润。"史料记载秋香曾经向唐伯虎的绘画老师沈周学过画画。沈周是明代相当著名的大画家，曾为秋香画过一幅丹青画，写过一首词。临江仙题林奴儿（即秋香）山水画："舞韵歌声都折起，丹青留下芳名。"

据考证，秋香比唐伯虎大20岁。她有不幸的家庭遭遇，没有办法才堕入青楼。因为人品好，后来从良。秋香嫁人以后，一些老主顾总来找她，但是都被她一一拒绝了。而且她还在自己的扇子上画了一幅画，叫《新柳图》，然后在画上亲笔题词，为自己写了一首诗："昔日章台舞细腰，任君攀折嫩枝条。如今写入丹青里，不许东风再动摇。"十分明确地表达了自己从良的决心。"章台"旧时指妓院。"东风"这里借指那些嫖客。秋香在这首诗里，以"新柳"自喻，过去"任君攀折"，现在她是画中的新柳，谁也碰不了她，什么风也动摇不了她了。从年龄来看，在封建时代唐伯虎和秋香很难产生婚姻。两个人的交集实际上是在书画方面。唐伯虎小的时候在画画方面显示了超人的才华。唐伯虎拜在大画家沈周门下，学习自然更加刻苦勤奋，掌握绘画技艺很快，深受沈周的称赞。沈周的称赞，使一向谦虚的唐伯虎渐渐地产生了自满的情绪。沈周看在眼中，记在心里。一次吃饭时，沈周让唐伯虎去开窗户。唐伯虎发现自己手下的窗户竟是老师沈周的一幅画，非常惭愧，从此潜心学画。后来，唐伯虎名气越来越大，后人因了这一点缘由，牵强附会，才慢慢编造出"唐伯虎'点'秋香"的风流韵事。

参考文献

刘兴雨，《追问历史》，天津古籍出版社，2003年版

朱耀廷，《中国传统文化通论》，北京大学出版社，2005年版

王宇，《读史有心机》，中国三峡出版社，2006年版

汪大海等，《中国历史名人传记》，中国社会出版社，2006年版

唐忠民，《读历史有心得》，海潮出版社，2007年版

毛佩琦等，《历代顶级文臣丛书》，花山文艺出版社，2007年版

姜国柱等，《历代顶级名将丛书》，花山文艺出版社，2007年版

陈天璇，《历史可以这样读》，新华出版社，2008年版

诸葛文，《中国历代秘闻轶事》，京华出版社，2009年版

迟双明，《历史其实很有趣》，中国纺织出版社，2011年版